平凡社新書
866

入門 資本主義経済

伊藤誠
ITOH MAKOTO

HEIBONSHA

入門　資本主義経済●目次

第3章 資本主義の発展段階

第4章　現代資本主義の歴史的位相

はじめに

資本主義について学び、考え、述べることはおもしろい。興味はつきない。なぜそう感じるのであろうか。おそらくつぎの四つの理由があるためであろう。

第一に、資本主義には、その基本的な原理にも、世界史的な発展にも、日本における歴史的な推移にも、多くの謎や逆説がふくまれている。その社会経済的な秩序は、自由、平等、人権（友愛）、平和といった輝かしい理念を掲げ、高度な生産力を達成しながら、現実には、くりかえされる恐慌、格差の拡大、職場での不平等、自然環境の劣化、戦争の災厄、経済生活の不安と困難を広げているからである。

どうしてこうなるのか。理念とそれに反する現実的な災厄との矛盾は、のりこえられないものか。それは現実的に意義のある挑戦課題であり、その根本から体系的にくりかえし考えてみたくなる。

しかも第二に、その課題は、人類史のなかで資本主義がどのような特色をもって発生し、発展してきたのかを考えさせるところがある。それはまた、資本主義はのりこえることができるかを問いかけることにもつうじている。その意味でも、資本主義を主題とする考察は、人類史の総体をふりかえり、未来を問う、まさにワクワクするほど雄大な視野を求められる。

近代以降の資本主義の世界システムとしての発展も、それ自体で、きわめて大規模な世界史的な展開をくりひろげてきた。日本資本主義の明治維新以降の成長・発展と、それに続く自由主義のもとでの顕著な衰退傾向も、世界資本主義の大規模な歴史的展開の一環として、その推移を劇的に凝集して示していることに興味を惹かれる。資本主義はその局所や細部にいたるまで、なぜか世界的で大規模な歴史的動態に統合され、動かされ、意味づけられているところがある。

第三に、そのこととも関連して、現代日本の経済生活のなかで生じている憂慮すべき諸問題――たとえばワーキングプアやシニア層に広がる新たな貧困問題、年金・医療・介護の不安、超少子高齢化と人口減少、自然環境の荒廃など――も、資本主義の原理と現代世界におけるその作動とに、どのように関連して生じているのか、省察する課題も与えられる。切実さを増す、この課題にむけて検討の試みを重ねあわせてゆかなければ、深刻化する人間と自然の荒廃化に、適切な対応の道も希望も拓かれてゆかないであろう。

第四に、資本主義についての、こうした問題のたてかたや考察は、近代資本主義の発生と発展との過程で、学問的な歩みを体系的にすすめてきた社会科学としての経済学の研究にもとづくところで、その背後に数多くの優れた先学、同学、友人の業績をたよりとしつつ、協同作業をすすめるよろこびもある。

ことに古典派経済学を代表するスミスとリカードの理論体系の基礎を継承しつつ、資本主義の歴史性を理論的に解明する原理を体系化したマルクスの『資本論』は、いまなお社会科学における最大の古典のひとつとされ、そこには資本主義の謎や逆説を学問的に解きあかしてゆく知的作業が豊かに示されている。その核心が、イデオロギーに依拠した認識ではなく、むしろ史実と論理による客観的な社会科学の基礎を示すものであることは、偉大な先学、宇野弘蔵の強調していたところであった。本書もそれに依拠し同感しつつ、宇野とその多くの後継者の著作に依拠し執筆されている。一九七〇年代以降の欧米マルクス・ルネッサンスのなかで、交流を深めた多くの友人の生みだした業績にもまた触発されたところも多い。

アメリカを震源地としたサブプライム世界恐慌後に、先進諸国に広がる連続的な危機のなかで、このところ資本主義の終焉論が話題となっている。

本書は、日本をふくむ先進諸国には、これに近い限界が露呈されつつあるとみている。

と同時に、終焉論を補完する意味でも、資本主義はどのようにのりこえることができるかを、ソ連型社会の挫折をふまえて、再考する課題にも深く興味を惹かれ、第6章をこれにあてている。こうした問題への関心は、世界的に重要性を増している中国、インドなどの途上国の成長の多様な可能性のゆくえをみていくうえでも、役立つものと期待している。

もともと本書は、宇野弘蔵編（1956）や日高普（1974）の『経済学』をアップデートして、入門的な教科書ができないか、という企画からはじまった。結果的に、より広い読者に資本主義とはなにか、を再考していただく平易な手引きをめざす著作となった。当初の企画も念頭に、体系的に経済学の主要内容を簡潔に要約している構成にもなっているので、大学の経済学部の初年度や他学部の学生にむけた入門的「経済学」の講義用テキストとして使っていただければ、それも幸せなことである。

本書の企画から校正にいたるまで、前著『経済学からなにを学ぶか――その５００年の歩み』、『日本経済はなぜ衰退したのか――再生への道を探る』とあわせ、平凡社新書編集部の和田康成氏に手厚くお世話いただいた。あらためてここに、心からお礼を申し述べておきたい。

二〇一八年一月

伊藤　誠

第1章

資本主義の基本的なしくみ

1　市場経済社会の理念と現実

資本主義とはなにか。有力な定義のひとつは、徹底した市場経済社会といえよう。われわれが日々経験しているように、近代以降の資本主義のしくみにおいて、生活に必要な生産物やサービスのほとんどすべてを市場で、商品として入手しなければならない。それらの商品を市場に供給するしくみも、その産出に必要な原料や機器を市場で商品として購入し、商品によって商品を産出している。生産と消費が社会的規模で、全面的に市場を介して商品の取引をつうじ、営まれているのである。

こうした近代以降の資本主義のしくみは、それにさきだつ古代や中世までの社会にたいし、社会構成員のすべてを、市場経済の担い手として、自由で平等な基本的人権を有する個人として認めあう理念をもたらした。それは、古代の奴隷制や中世の農奴制のもとで、貴族や武士階級に不自由な身分として差別され、隷従していた働く人びとを、人格的に自由で平等な社会構成員として解放する社会理念をなしていた。もともと、中世以前の社会は、その内部の共同体的な経済生活を、非市場経済的な現物経済の互酬と人格的な支配をともなう再配分のしくみとして組織していた。しかし、共同体と他の共同体とのあいだには、武力により制圧するのでなければ、社会内部の秩序とは異なる商品の交易関係がとりむすばれていた。たとえば、シルク・ロードや塩の道での社会のあいだをぬってゆく交易路では、社会内部での権力的な支配や慣習による秩序とは異なる、相互に対等で自由な合意形成が経済行為の基本秩序をなしていた。

近代資本主義は、外来的で周辺部におかれていた市場経済の秩序を、封建社会の解体をつうじ、むしろ社会内部の経済生活の基本的原理に浸透させて成立した。それにともない、社会構成員のすべてに市場経済の担い手としての自由、平等、人権が認められてゆく。同時にその社会の生産、分配、消費の社会的な維持、継続は、社会的権力、慣習、倫理などからの規制や介入による互酬や再配分に依存する程度を縮小させ、むしろ基本的には、市場をつうずる個人主義的で無政府的な商品の自由な取引にもとづく自律的経済生活の運動にゆだねられることになる。したがって、社会生活の有機的関連性のなかで、市場経済の自律的運動とその発展・変化とが、政治、法律、社会思想や道徳などに対応をせまり、その時代的変化を招来する側面が資本主義のもとでは顕著となる。

たとえば、封建社会の身分的支配や差別はもとより、資本主義と近代国民国家の生成期にそれを再編し、ある形でひきついだ絶対王制の支配にたいし、イギリスでのピューリタン革命（一六四二〜四九）と名誉革命（一六八八）、フランス革命（一七八九〜九九）は、全市民の自由、平等、人権ないし友愛を理念として掲げ、市民革命を実現して、民主主義を求めた。それは、社会構成員のすべてを、市場経済の担い手として、差別的な支配から解き放ち、自由で対等な契約主体として認めあうとともに、市場経済にもとづく国家財政への納税者の民主主義的な管理権を、政治体制としても容認させる意味をもっていた。

興味深いのは、そこに掲げられた自由、平等、人権ないし友愛といった社会理念の魅力と含意の広がりである。

それらは第一に、中世までの共同体社会のなかで束縛されていた大多数の人びとを、市場経済の対等で自由な責任主体として解放して、個々の市民としての近代的責任主体としてあつかうことを社会通念とするものであった。その意味では、それらの理念は市場経済に適合的な近代個人主義的な社会観につうじていた。しかし、おそらくそればかりではない。

第二に、古代以来の共同体的社会のなかでも、さまざまな差別や抑圧をうけながら、しばしば宗教的な信仰とも結びついて、ほんらい、人びとは神や仏のもとでは対等に差別なくあつかわれてよいはずで、世俗の権力や物欲から解放された自由で平等な人間関係を望ましいものとする発想は、くりかえし広く生じていた。しかも、それを死後の世ではなく、この世でも実現しようとする訴えも人びとのこころを動かしていた。初期キリスト教の教団生活の様式は、いまなお僧院や修道院に伝えられているように、神のもとでの平等を共同体的に実現する理念によっているところがある。奴隷の反乱や農民一揆にも、しばしばそうした社会理念が指導的役割を有していた。近代社会の理念にも、そのような古代以来の差別、抑圧に反発する本来の人間のあり方についての思索の流れが継承された。

フランス革命において、自由、平等とあわせて友愛（fraternity）が掲げられているのは、ギルド的な伝統をひく職人組合の役割をも介し、古くからのそうした社会理念の継承を思わせるところがある。そこには直接的な人間関係の連帯や協力をすべて個人主義的に解体するのでは、社会理念として十分ではないとする含意も読みとれる。

実際、第三に、自由、平等、人権ないし友愛といった理念は、近代以降の市場経済社会のみならず、資本主義市場経済のしくみを未来にかけて統御し、あるいはのりこえてゆこうとする場合にも、指導的な役割を果たしうる広がりを有している。フランス革命の過程でも、その理念にもとづき、社会構成員に実質的に平等な生活保障を基本的人権として実現しようとする試みが提唱され、ロベスピエールらがやや過激にそれを実践しようとした局面もみられた。後に、市場経済を継承するか、廃棄するか、さまざまなヴァリアント（異なる類型）をともないつつ、広義の社会主義が、近代市民革命の理念を徹底する観点で提示され試みられたのも、その理念の広がりを示すところである。

一万円札をみるたびに想いだすのだが、福沢諭吉は『学問のすゝめ』（1872－76）の巻頭で、日本近代化にむけて「天は人の上に人を造らず人の下に人を造らず」と述べ、こうした市民社会の理念を伝えていた。

その後、欧米でも日本でも資本主義が徹底した市場経済社会を市民社会として発達させるなかで、発足時の社会理念と現実の経済生活とのあいだの不一致が、くりかえし問われざるをえない状況が続いてきている。

福沢諭吉がいまも生きていたら、どう思ったであろうか。現実には、一万円札をたくさん所有し自由に使える人びとはかぎられている。多くの人びとは生活のためにその入手に苦労し続けている。雇用されて働く人びとは、職場で自由、平等にふるまえるわけではない。上下に階層化された指揮管理にしたがい、使役される関係を逃れることはできない。しかも雇用自体が、安定的に保障されているわけではない。

一八六八年の明治維新以来、一五〇年が経過し、豊かな欧米先進国においつくための日本近代化の目標は、勤勉に働き続けた人びとの努力にもとづき、十分に達成された。日本はいまやEU、アメリカとならぶ三極の先進経済とみなされ、国内総生産（GDP）の規模でも世界第三位にある。しかし近年、貧富の格差は再拡大し、ワーキングプアや下流老人などの新たな貧困問題が拡大し、非正規の不安定な雇用が激増している。また少子高齢化がすすみ、年金、医療、介護のゆくえもあやぶまれ、経済生活に不安が増している。

かりに、個人主義的な取引に経済生活をゆだねてゆく資本主義の秩序が、人間に内在的な自由を認めあい、対等な人格を尊重しあう最も自然な社会の姿であるとするならば、多くの働く人びとにとっての生活上の格差、貧困、不安は、人間社会の自然な帰結となる。その根本的な解決は困難であるか、不自然で不合理な課題とみなされる。一九八〇年代以降、世界の先進国の経済政策の基調とされ、日本のアベノミクスにいたる自民党政権もそれにしたがっている新自由主義と、その論拠としている新古典派ミクロ経済学の基本的な発想は、こうした見解に帰着する。

それでよいのであろうか。その発足時の理念と歴史的な現実とのあまりに大きな乖離《かいり》から、資本主義の原理と現実のより正確な理解が求められているといえよう。これからの経済社会の選択肢も、そのうえで再考されなければならない。

2　資本主義経済の存立構造

（1）市場経済のしくみ

資本主義は市場経済のしくみを社会生活の基本としている。そのしくみは、商品を基本とし、商品取引の機構を形成している。

商品には二つの要因が内在している。そのひとつは、人間にとってなんらかの意味で役立つという使用価値である。なんの役にもたたない石ころは商品とはなりえない。使用価値としてのそれぞれに異なる有用性が、商品の種類を分けることとなる。使用価値の面だけをとれば、商品は、財一般と異ならず、社会の富の素材的内容につうずる属性を示す。さまざまな物の有用性を発見し、あるいは開発し、その有用性に応じた数量を、たとえば履物なら何足、衣類なら何着といったそれぞれの単位で、その用途にふさわしい慣習的な単位で計ることも、古くからの歴史的行為としておこなわれてきた。

商品のもうひとつの要因は、交換をつうじ他の商品を入手しうる属性であり、その属性が商品の価値を示す。使用価値は商品価値の基本的前提となり、担い手となるが、使用価値をもつ生産物も自給的に、たとえば家庭内で用いられ、交換を求めていない場合は、商品としてあつかわれない。そのかぎりでは、商品価値の担い手ともならない。空気も商品とならないので、使用価値は大きいが、価値は有していない。他方、使用価値によって区別される各商品は、交換をつうじ、他の商品をより多量に入手できれば価値が大きいとみなされ、その価値量を比較される。その決定関係は、いくつかのステップをふんで解きあかしてゆかなければならない。

あるていど発達した市場経済は、貨幣経済としてあらわれ、あらゆる商品の価値は、貨幣価格に示される。もともと自由で、平等なはずの商品の交換関係から、あらゆる商品にたいし、いつでも交換できる直接的な交換可能性を独占する貨幣（商品）が誕生するのはなぜか。その謎は、最も簡単な二商品のあいだの価値関係から読み解かれてゆく。たとえば、商品としての上着の所有者が、その一着と引き換えに米五〇kgを入手したいと交換を要請するとき、上着一着の商品価値は米五〇kgを等価商品として、相対的に米での価値として表現される。戦後の混乱期に、悪性インフレで貨幣の機能が麻痺したおりに、各地に交換所が開かれ、こうした張り紙が実際に貼りつけられた商品が持ち込まれ、店頭につりさげられていた。貨幣経済の根底には、こうした交換動機がひそんでいるといえよう。

自由で平等な商品所有者のあいだで交換がおこなわれてゆくかぎり、上着の所有者の交換要請は、米の所有者にその要請に応ずるよう強制することはできない。米の所有者がたまたま同時に上着との交換を望むことも、通常は期待できない。上着など各商品の特殊な使用価値が、その商品としての交換を求める価値の性質に制約を与えているのである。しかし、商品（上着）の側から等価形態に選ばれ、交換を要請されている商品（米）は、そのかぎりでは、五〇kgと引き換えに、上着一着をただちに入手できる直接的な交換可能性が与えられている。すなわち、積極的に交換を要請する商品（上着）の側には、直接的な交換可能性は保証されていないが、逆に受動的に要請をうけて等価商品におかれた側に、交換実現の決定権が与えられる（弁証法的）論理が成立する。そこに貨幣の萌芽がある。商品（上着）の交換は米のみにとどまらず、茶、砂糖、布地などさまざまな商品にたいして望まれるので、その価値表現は拡大される。

さらに、さまざまな商品が同様に他の商品との交換を求め、多様な等価商品との交換要請を展開する。そのなかで、多くの商品から等価商品に選ばれて交換を望まれる共通の商品がみいだされ、その商品たとえば茶には、本来の飲料のための使用価値に加え、他の多くの商品にたいする直接的な交換可能性という、追加的使用価値が認められることになり、茶を等価商品として交換を求める商品が増してゆくことになる。

こうして商品から一般的な等価商品として交換を求められる商品が、やがて特定され固定されると、貨幣（商品）が成立する。それは無政府的な商品世界の共同事業の結果であり、歴史的には特殊な貝殻、犬歯、家畜、各種の金属など、さまざまな商品が貨幣として用いられてきた。しかし、銀、ついで金が、その同質性、分割・合一の容易さ、耐久性などの自然的属性において、貨幣としての一般的な用途に最適な商品として選ばれていった。金は、世界貨幣としても用いられた。そのことからもわかるように、貨幣はある社会内部の権力により制定されたものとはいえない。貨幣国定説は、その意味では誤りといえる。

もっとも、明治政府が一八九七年の貨幣法（一九八八年廃止）で一円は純金二分（七五〇mg）をさすと規定したように、貨幣商品の単位量の名称やその分割単位は、国家がその社会のために価格の度量標準として決めることが多い。そのことを貨幣の国家による創設や貨幣価値の決定のように誤認してはならない。

さらにまた、現代世界では、後にもみてゆくように、金との直接・間接の交換性を廃止した中央銀行券が、貨幣として用いられるようになっている。だが、それはほんらいの市場経済のしくみが資本主義の現代的な危機に応じて、政治権力を介して貨幣を変容させた結果にほかならない。ほんらいの市場経済のしくみそのものから、ただちに理解できることではない。しかし、ほんらいの貨幣が有していた機能の多くが、不換銀行券によってもほぼ同様に担われ続けているともいえる。その機能の比較と分析も、ほんらいの古典的市場経済のしくみを考察基準としておこなわれてよいところであろう。

価格は、一般的等価の位置にえらばれた貨幣にたいする商品の交換要請を示す。商品の交換要請は、貨幣（商品）の他商品への直接的な交換可能性としての形式的な使用価値を求めているので、その要請はかえって単位商品あたりで、たとえば上着一着は四万円、米一kgは八〇〇円、茶一〇〇gは九〇〇〇円などのように表示される。貨幣所有者が望むなら、その価格でいくらでも多く売りたい意向がそこに示されているわけである。

その価格は、計画経済での公定価格と異なり、商品所有者の多少とも主観的な期待をともない、自由に、市場での実現可能性を探りながら設定される。それに応ずるかどうかは、貨幣所有者の決定にゆだねられている。価格を表示している商品に貨幣を支出して購買することはいつでも容易で、歓迎される。逆に商品の価格表示は、販売による実現が保障されていない。販売できない商品は、その使用価値も役立てられず、価値も失われる。主観的価格表示は、こうして貨幣の購買手段としての機能により市場でテストされ、傾向的に一物一価が形成され、価格の市場での変動をつうじ、その基準となる価値が探られ尺度されてゆく。

貨幣はこうした購買手段として機能しつつ、市場における商品の社会的な持ち手変換を媒介する。その役割にそくしてみれば、貨幣はある商品を売却して他の商品を購入する、C_1―M―C_2（Cは商品、Mは貨幣を示す）の形で、交換手段として機能する。社会的には、その機能は日常的に商品の持ち手交換を形成する商品流通市場を形成し、商品の流通を媒介する流通手段となる。貨幣は、たとえば商品C_1を販売した人から商品C_2を販売する人に渡され、さらにその人が購入する商品C_3を販売する第三者に流れてゆく。そこで流通手段としての貨幣は、商品の流通を媒介しつつ、みずからも持ち手をかえて流れてゆく通貨（currency）とみなされる。

A・スミス（1776）やD・リカード（1817）らの古典派経済学でも一八七〇年代以降の新古典派ミクロ理論でも、貨幣は、もっぱらこのような交換手段ないし流通手段としてのみ理解されている。しかし、一般的な等価商品としてあらわれる貨幣には、商品世界の富の代表物としての役割も認められる。

貨幣は、その意味では、古くから蓄蔵したい富とみなされ、自己目的として蓄え、増やしたいという動機と欲求を誘発する。自由、平等なはずの商品世界で、お金持ちとそうでない者とでは、同等にはふるまえないためである。蓄蔵手段としての機能を前提に、貨幣はまた、後払いでの商品購入にたいする決済に要する支払い手段としても用いられる。同時に、局地的な、あるいは国民的な商品流通市場と他の流通市場とのあいだでも広く通用する世界貨幣としての機能も果たしうる。

古典派経済学に先行する重商主義の経済学は、むしろこうした富としての貨幣の側面を重視して、貨幣の多様な機能に考察をすすめていた。K・マルクス（1867, 85, 94）の経済学は、古典派の労働価値説を継承しつつ、貨幣論では重商主義の貢献を再評価して、二〇世紀に新古典派マクロ経済学を創始したJ・M・ケインズ（1936）にさきだち、貨幣・金融の役割を重視するマネタリーな理論経済学の体系を提示していた。

富としての貨幣の役割から、それをもっぱら退蔵して増やそうとするだけではなく、むしろ貨幣を使って貨幣を増やす、資本に貨幣を転化することが、市場経済のしくみとして古くからおこなわれてきた。ことに世界貨幣としての貨幣（M）は、流通市場のあいだで、商品（C）を安く仕入れられる市場で買って、高く売れる他の市場で売り、差益を利潤としてえる商人資本の形式M―C―M′（M′は増殖したMを示す）に転化されやすい。市場経済のしくみを構成する商品、貨幣、資本の形態は、いずれも歴史的には古くからの共同体的社会の内部からではなく、むしろそれらの社会のあいだの交易関係から発生したものといえる。商人資本の形式が成立すると、それに付随し、貨幣の貸し付けによって利子をえる利子付き資本の形式、M…M′もあらわれ成長する。いずれの形式においても、資本は自己増殖する価値の運動体としてあらわれ、その増殖運動を反復する。

とはいえ、商人資本にせよ金貸し資本にせよ、中世までの資本は、社会内部の共同体的生産組織には、外来的で寄生的な役割を示すにとどまり、その内部に社会的規模での生産を組織するものではなかった。そのため、その価値増殖の運動が強大化すれば、社会内部の共同体的生産組織に破壊的な影響が生ずることにもなりえた。古代以来、世界各地でそれも一因となって、さまざまな共同体社会が破壊されては、あらたな共同体社会が再組織される歴史がくりかえされた後に、一五世紀末の新大陸発見と世界航路の開発を契機に、西欧から近代資本主義の発達が開始される。そこでは、社会的規模で生産過程が資本の価値増殖運動の内部に包み込まれ、市場経済のしくみが全面的に社会の内部的秩序に転化されていった。

その世界史的な転換の基本は、社会的規模で人びとの労働能力が商品化され、それを購入し使用する産業資本の形式M—C…P…C′—M′（Pは生産過程を示す）が確立されて、資本の価値増殖運動に社会的な生産過程が内的基盤として組み込まれてゆくことにあった。そのような資本の生産過程で、なにが生じているか。つぎにそれをみてゆこう。

（2）資本の生産過程

近代的資本は、市場経済のしくみにもとづき、社会的規模で人びととの労働・生産活動を、その価値増殖運動の内部で組織することにより、投資額をこえる剰余価値をその内部で獲得することができるようになった。それにともない、市場経済のしくみは、それ以前の社会のように、社会的生産にたいし外来的で周辺的な経済関係にとどまるものではなくなる。労働力が商品化され、その代価としての賃金で、働く人びとの必要とする生活手段が市場で購入され、社会的な消費生活が支えられるようになる。と同時に、その労働作業が産出する生産物やサービスも、自給的に消費されなくなり、すべてが資本により市場で商品として販売されて価値増殖の手段とされる。そこで、労働力が社会的規模で商品化されていくことが、徹底した市場経済社会としての資本主義のもうひとつの重要な特徴といえる。

とはいえ、資本のもとで組織されるにせよ、労働・生産過程は、それ以前の共同体的社会においても、その内部で維持されていた、経済生活の原則的基盤としての意義を失うものではない。それは商品形態であつかわれても、人間にとって有用な使用価値としての側面では、労働生産物があらゆる社会の富の素材的内容になりうることにもつうじている。

もともと労働は、人間が身体や頭脳の内的自然力を発揮して外的自然との物質代謝を媒介し、調整する過程をなしている。それによって、外的自然を変化させて有用な生産物にしつつ、人間はみずからの内的自然も変化させてきた。その過程をつうじて、他の動物の外的自然との物質代謝の本能的な活動とは異なる、言語能力などをふくむ広範な精神活動により、労働を加えて、どのような有用物をいかに産出するかの構想をたて、それを実現する能力を人間は拡充してきた。こうした労働に共通な、構想をたてて実行する能力は、さまざまに異なる有用労働として異質な使用価値をつくりだす。しかし、それぞれの有用労働も、基本的には、人間的な労働能力のさまざまに異なる具体的形態での支出過程の転換や、そのくみ合わせから構成されている。異なる有用労働も社会的な経済生活の基本を支える作業においては、人間的な労働能力の広い互換性や転換可能性にもとづき、同質的・抽象的な人間労働の社会的貢献をたがいに構成しているとみてよい。

構想と実行の二面を特徴とする人間の労働はまた、その作業の効率や生産性を高める工夫もなしうる。それゆえ、ごく原始的な共同体社会を除けば、働く人びとの労働は、古くからみずからの生活維持に必要とする生活手段だけではなく、それ以上の剰余生産物をも産出できるようになる。社会的な労働が、労働者の生活手段の再生産に要する必要労働と、それをこえる剰余労働とをともにふくむようになり、それによって、農民たちからの貢納により支配的王権やその兵士が支えられ、あるいは古代の奴隷労働にもとづき、貴族的市民生活が可能とされ、さらには農民から五公五民の割合でとりたてる封建地代（年貢）などによって、領主や武士階級が支配的地位を維持しうることにもなっていた。

労働力が商品化され、資本が市場で購入する労働力を使用して労働・生産過程を社会的にくりかえすしくみになると、そこで産出される労働生産物のすべてが商品として取引される。商品の価値は、その生産に要する労働時間を社会的な実体として、価格としての価値の形態を相互に規制されるようにならざるをえない。それとともに、社会の経済生活の原則のうちに認められる、労働者の経済生活の維持に要する必要労働時間と、それをこえる剰余労働時間との社会的関係も、労働力（商品）の価値と資本の獲得する剰余価値の社会的な実体をなすこととなる。

もともと労働生産物の一単位に投入されている労働時間は、それぞれの社会での標準的な技術的条件にもとづき、必要な原料と道具や機械の損耗分にふくまれている過去の労働時間と、それらに加えられる最終加工のための新たな労働時間の合計とから構成されている。そのうち最後に加えられる加工時間が標準的な技術により確定されることはあきらかであろう。原料や労働手段の損耗分の使用価値量も標準的分量が技術的に決定される。そこにふくまれる過去の労働時間は、どう算定されるか。

たとえば、綿花が石炭と鉄を生産手段として生産され、石炭と鉄はそれぞれまた石炭と鉄を用いて生産されるような、社会的な相互の投入‐産出関係が、それぞれの標準的な技術にもとづいて同時的に存在しているとしよう。社会にn種の生産物があり、そのi番目の生産物一単位あたりにふくまれている労働時間 t_i を未知数として、その生産に投入されるj番目の生産物を a_{ij}（$j=1,2,3,\cdots n$）単位とし、それに最終加工としての l_i 時間が追加されるとすれば、

$$t_i = \Sigma a_{ij} t_j + l_i \quad (a_{ij} \geq 0,\ l_i > 0,\ i=1,2,3,\cdots n)$$

というn本の連立方程式に、n個の未知数 t_i があることになり、それらは投入・産出の技術的な条件で客観的に確定される a_{ij} と l_i の従属変数として確定できる。

この数理的な決定関係は、各生産工程に結合生産物がなく、同質的労働が想定できれば、労働価値説に賛同しないP・サムエルソン（1971）もふくめ、現代の数理経済学において異論なく認められているところである。それぞれに異質な有用労働も、基本的な経済生活

を支える大多数の作業が、道具や機械の発達により労働者の互換性を高めており、教育も中等教育さらには高等教育まで普及して、さきに述べた人間的労働能力の広い適応能力とその互換性を増してきたことからすれば、根本的には、同等で同質的な抽象的人間労働のそれぞれに異なる有用形態における支出とみなしうる。その意味で、いわゆる複雑労働も、その教育訓練にかかる費用を個人的に負担し回収させる市場経済のしくみでは、複雑労働力の価値は高められることになるが、その労働力の使用価値としての労働の支出については、基本的な人間的労働能力の発揮としての一面で、同等・同質の抽象的な人間労働をおこなっているとみなしてさしつかえないはずである。

いま、投入－産出の社会的な物量体系における標準的な技術的基礎にもとづき、たとえば五〇kgの綿花が二〇時間の過去の労働をふくみ、六時間で綿糸五〇kgに加工されており、そのさい摩耗する労働手段が紡錘1／4個に代表されるとする。その紡錘一個には一六時間の労働が対象化されているとすれば、綿糸五〇kgには、綿糸と紡錘とにふくまれていた二〇時間と四時間の過去の労働に、新たに加工に要した六時間の合計三〇時間の労働が対象化されていることになる。

他方、労働力は、人間の主体的能力であり、人間の労働により産出される労働生産物とはいえない。とはいえ、労働力の再生産には、生活手段としての労働生産物やサービスの消費とそれにともなう生活の維持が必要とされる。労働力が社会的な規模で商品化される資本主義のもとでは、労働者が労働力（商品）の価値の形態としてうけとる賃金を介して、一日あたり平均して、どのような種類の生活手段をどれほど市場で獲得し、その標準的な生活にあてることになるか。それは実質賃金の標準的内容となる。労働力が労働生産物でないため、その維持再生産に必要な生活手段の範囲と分量は、技術的に決定されることにはならない。その社会の自然条件や歴史的・文化的な要因をもふくめ、産業技術の変化にも影響をうけつつ、労働者の標準的な生活様式がそれぞれの社会や時代で形成されて、実質賃金の標準的内容が確定される。それを前提すれば、そのときどきに与えられている技術的条件により、必要な生活手段の生産に要する一労働日あたりの必要労働時間が決まることになる。

労働力が商品化される場合、その社会が存続するかぎり、一労働日あたりの労働力（商品）の価値の実体は、賃金を介し、市場で労働者がその生活の維持再生産に要する生活手段やサービスに対象化されている平均的な労働時間を、必要労働時間として入手する関係を示すところとなる。

労働力の再生産が、社会的規模で継続的に市場経済のもとで自律的におこなわれる基本的な条件のひとつとして、子どもの養育、教育の負担も、社会的平均において労働力の価値の実体にふくめなければならない。また、その両親の片方だけが市場労働をおこなう生活様式が通常であれば、その労働力の価値は、実体的に一家の生活を支える家族賃金となっていなければならない。共働きが社会的・平均的な生活様式となれば、労働力の価値は二人の稼ぎ手に分割されて担われるようになり、それにともない一人あたりでは引き下げられる可能性も生まれる。他方、市場で購入される必要な生活手段には、非市場労働として家事労働が追加される。そのことを、市場経済をこえて、いわば広義の経済生活の観点でみれば、家事労働も労働力の維持再生産に要する広義の必要労働の一部をなす。しかし、市場経済内の価値関係の法則をあつかう狭義の経済学の原理では、市場を介さずおこなわれる家事労働は、労働力の価値実体に入らない。ただし、共働きで、家事労働の一部を市場で購入するサービスで補う生活様式が一般化すれば、その家事労働の部分は、労働力の価値の一部にも算入されることとなる。

いずれにせよ、一労働日あたりの労働力の価値の実体をなす必要労働時間が、歴史的・社会的な要因もふくめ平均六労働時間であるとしよう。さきの綿紡績の例では、五〇kgの綿糸がその必要労働時間六時間で加工されていたことになる。綿花、紡錘、生活手段の生産工程でも、生きた労働時間がそれぞれの労働者により必要労働と同じ六時間だけおこなわれ、それをこえる剰余労働は追加されていないとする。

そのような社会関係のもとで、必要労働時間六時間を対象化している生活手段が平均一万五〇〇〇円であるとするなら、一労働日あたりの労働力の価値形態としての賃金は、その一万五〇〇〇円となる。その場合、三〇労働時間を対象化している五〇kgの綿糸は、価値の形態として七万五〇〇〇円で販売され、そこから二〇労働時間をふくむ綿糸の代金として五万円と紡錘1／4個の代金一万円とが回収されなければならない。こうした価値実体と価値形態としての価格の正比例関係が崩れ、技術的な基礎は変わらないのに、綿糸五〇kgが七万円でしか売れないのであれば、紡績業は生産要素の補塡原理がみたせず、生産を縮小せざるをえない。同様のことは、他の商品の生産工程の維持にも妥当する。

そこで、資本の生産過程が剰余労働をともなわない、たんなる価値形成過程としてのみおこなわれているなら、産出される各商品の価値の実体としてそこに対象化されている労働量と、価値形態としての価格には、正比例する関係が社会的に成立し、したがって等労働量の交換がくりかえし実現される。それは、A・スミスやD・リカードに代表される古典派経済学が、資本主義経済の考察の理論的な基礎としていた労働価値説の古典的内容とほぼ重なっている。そのさい、古典派経済学は、資本主義市場経済のしくみを自然的自由の秩序とみなし、理想化して、その特殊な歴史性をあきらかにしようとせず、等労働量交換としての労働価値説にもとづき、資本が剰余価値を生産する原理を解きあかすこともできなかった。これにたいし、K・マルクスは古典派労働価値説を継承しつつ、商品価値の形態としての価格関係と、その背後の価値の実体としての労働量の社会的関連を区分して、正確に考察することで、資本主義市場経済の歴史性を理論的にあきらかにして、剰余価値生産の原理も明確にしている。そこにはいくつかの理論的創見が積み重ねられている。

たとえば、すでにみてきたように市場経済を構成する商品、貨幣、資本の価値の形態的な展開は、けっして経済生活の自然的秩序ではない。それらは、資本主義にさきだつ共同体的社会にとっては、その内部の経済生活の秩序を律する互酬や再配分とは異なる、むしろ他の共同体との交易に由来する外来的で周辺的な経済形態をなしていた。他方、共同体的社会の内部の経済生活も、さまざまな使用価値を有する生産物を、社会的・抽象的な人間労働の具体的な発揮によって、相互に必要な量関係において産出する労働・生産過程の原則は、共同体的な慣習や直接的な人格関係をつうじ、それぞれの社会ごとに充足されていた。その周辺に商品化される、たとえば農民の米の場合も、その価格の背後に対象化されている労働実体が、法則的に価格を規定する関係がなかったとはいえない。とはいえ、農奴的農民も基本的な生活を自給的に五公五民の五民部分で営んでいるかぎり、外来的商人により、ごく安価に米を買いたたかれる余地を残し、価値法則に社会的な必然性を欠くところがあった。

これに反し、資本主義のもとで労働・生産過程が社会的規模で全面的に商品の価値関係に包摂されて反復されるようになると、各生産物に対象化されている労働量としての価値の実体と価値の形態としての価格は、経済生活の原則としての社会的労働の量関係をくりかえし維持しうるように規制されざるをえない。労働価値説による価値法則に社会的基礎が与えられ、それにもとづき価値法則が論証される基盤が成立する。さきに例示した、剰余労働がおこなわれない範囲での資本の価値形成過程の論理は、資本主義としては特殊な想定をおいてはいるが、古典的労働価値説が社会的な法則として論証可能な一面を示している。

むろん、資本の生産過程は、剰余価値を産出し取得するために組織されているので、この事例は、その全体を示していないことになる。労働者はもともと一労働日あたり六時間の必要労働を対象化している生活手段を消費して、日々の生活をいとなむさいに、たとえば一二時間の睡眠、通勤、休息時間を除き、一二時間までは資本のもとで労働することもできる。

かりに、さきの紡績労働がおなじ技術的な条件で一二時間継続されるとしよう。いまや、綿花一〇〇kgが同量の綿糸に加工され、紡錘1／2個分が摩耗して、それら生産手段にふくまれていた四八時間の過去の労働に、新たな労働一二時間が加えられて、六〇時間の労働時間からなる綿糸一〇〇kgが産出される。古典的労働価値説にしたがい、さきの事例と同様に労働実体に比例する価格が成立しているなら、この綿糸には一五万円の価格がつき、生産に要した綿花一〇〇kgの価格一〇万円、紡錘1／2個分の価格二万円、および労働力の価値一万五〇〇〇円との合計一三万五〇〇〇円を生産諸要素に投じて、一万五〇〇〇円の剰余価値をえることができる。その剰余価値は、あきらかに必要労働六時間をこえる剰余労働六時間によるものである。

古典派経済学では、資本と賃金労働者とのあいだで「労働」が売買されるとみなしていたので、労働価値説との関係で、この事例における一二労働時間が産出する三万円が労働者に支払われないのはなぜか、資本が取得する剰余価値の生産の合理的しくみを、理論的に十分解きあかせなかった。この点で、アルチュセール（1965, 序文）が指摘しているように、マルクスは、資本が賃金労働者から購入しているのは、「労働」ではなく「労働力」であるとして、隠されていた一文字を発見し、謎を解いた。商品としての労働力の価値の実体は、他の商品価値と同様に、その再生産に要する必要労働（この事例では六時間）とされてよい。しかし、その労働力（商品）の使用価値は、この必要労働にかぎられるものではなく、通常の一労働日（この場合は一二時間）のあいだ働くことである。古典派経済学がしばしば想定していた労働所有権論が、資本の生産過程には妥当せず、労働者がその労働の生産物の所有者となりえないのも、労働支出がすでに資本に売られた、商品としての労働力の使用価値とされているためである。それは商品の使用価値は買い手の自由な利用にゆだねられるためである。職場の労務管理や人事権が基本的には資本の権限とされ、職場民主主義はあるていど労資の交渉や力関係で許容されるにせよ、容易に拡充されえないのも、同じ理由に由来する。

資本主義市場経済の根底をなす剰余価値生産の原理が、そのしくみを自然的自由の秩序とみなし理想化した古典派経済学では十分に理解されず、その理論的な基礎としていた労働価値説を内容的に継承しつつ、資本主義の特殊な歴史性と内的限界に関心をむけ、むしろ反資本主義の論拠を探っていたマルクスによってはじめて解明されたことは、なんど考えても興味ある逆説をなしている。

なお、内閣府の公表している国民経済計算（SNA、System of National Accounts）の統計によると、二〇一四年度の日本の国内総生産（GDP）は約四九〇兆円で、そのうち固定資本減耗一〇四兆円を差し引いた、三八六兆円が国内純生産として、その年度に新たに産出されたいわゆる付加価値の総額にあたる。そのうち、二五二兆円が雇用者報酬、九一兆円が営業者余剰・混合所得とされている。雇用者報酬には、経営者やその代行としての役職についている資本家階級への報酬もふくまれているので、労働者階級の賃金所得よりかなり大きい数値となっている。

この年の就業者総数六三五一万人のうち、経済生活の基本を支える労働作業をおこなっている人びとが、かりに五〇〇〇万人とみて、日本では年間労働時間はほぼ二〇〇〇時間なので、あわせて一〇〇〇億時間が労働力の価値と剰余価値とからなる付加価値を産出しているとしてみよう。一時間あたりでは三八六〇円平均を算出していることになる。それゆえ、生涯平均年収七七二万円をえて働いている人は、剰余労働を搾取もしていないし、搾取されてもいないことになる。他方、二〇一五年に国税局の公表した民間給与実態統計では、平均年収は四一四万円（男性は五二一万円、女性は二七二万円）となっている。この平均年収でみれば、付加価値のうち五四％（男性は六六％）をえていることになる。江戸時代までの五公五民の搾取率は、資本主義の発展により解消されて、福沢諭吉の説いた社会平等の理念が経済生活の内容に社会的に実現されつつあるといえるであろうか。

3　三大階級とその経済的基礎

資本主義市場経済は、労働力を商品として購入し、使用する資本の価値増殖運動を基軸に、社会の経済生活の全体を市場経済のしくみによって包摂し、自律的に維持し反復している。その社会の基本的なしくみは、つぎのような典型的な三大階級とその相互関係からなっている。

すなわちまず、みずからの労働能力を発揮するために必要な生産手段を所有しえないという意味で、無産の、しかし人格的には身分的支配からは解放されて、労働力を市場で自由に販売しうる賃金労働者階級が、社会的規模で存在していなければならない。発達した資本主義では、自営的な農民や職人にかわり、賃金労働者の階級が直接的生産者の圧倒的部分となる。

つぎに、賃金労働者から労働力を商品として購入し使用して、価値増殖をくりかえす資本の所有者や管理者が、資本の人格化として資本家階級を形成している。全体として、この資本家階級が賃金労働者を使用し管理する支配的地位にあり、社会的に剰余労働の成果を取得している。とはいえ、市場経済にもとづき、自由で平等な価値増殖をくりかえす個別的資本の運動を人格的に代表する側面において、たがいにその増殖の効率を競いあう関係も内包している。さらに、その競争関係は、異なる産業、産業と商業、金融業などの社会的分業をも構成しつつ展開されている。競合する個別資本の取得する剰余価値は、通常は、投資元本にたいし年単位で増殖の効率を計られ比較されて、利潤ないし利潤率の形態をとる。それは、資本主義にさきだつ社会で商人資本の形式に示されていた増殖形態をひきつぐものといえる。これにたいし、中世まで商人資本とならぶ独自の資本の増殖形態をなしていた利子は、近代的な信用制度の発達にともない、資本間の遊休資金の融通にともなう、利潤からの派生的な再配分形態に転換されて、独自の資本家階級の経済的基礎とはみなしがたくなっている。

地代も、封建社会における剰余労働の主要な社会的な取得形態から近代化され、典型的には資本の利潤のなかから、土地の自然的条件の利用権をめぐる競争にもとづき、派生的に支払われる所得形態に転換する。そこで土地所有にもとづき、地代を取得する土地所有者は、利潤を取得する資本家や賃金を所得形態とする労働者とあわせ、近代資本主義社会の三大階級のひとつと規定されるが、その位置は、土地をふくむ生産手段を所有し、それによって剰余価値をえる資本家階級の副次的部分とみることもできる。

そのようにみるならば、資本主義社会のいわゆる三大階級は、労働力の価値を賃金としてえて生活する労働者階級と、資本家階級との二大階級に大きく集約して考察することも可能といえる。以下、それぞれの階級の経済的基礎を、その所得形態にそくして多少たちいってみておこう。

（1）労働賃金　近代資本主義は、徹底した市場経済社会を形成し、その構成員に自由、平等、人権を保障する理念をかかげていた。そのさい、人びとが自由で平等な契約主体としてふるまえるためにも、基本的人権として私有財産権が重視される。その私有財産権の古典的正当化の論拠は、J・ロック（1690）らの労働所有権論におかれていた。すなわち、人びとは、だれでも自分の身体は所有しており、それゆえ身体を動かし労働を自然に加えてとりだすものは、所有する権利があるというのである。そこからすべての商品の価値は労働に由来するとみなす、古典派労働価値説も導かれていた。

しかし、その観点からすると資本のもとで労働者の労働により産出される生産物は、労働者の所有にならず、すべて資本に所有されて販売されるのは、正当でなく、むしろP・J・プルードン（1841）が非難したように「私有財産は盗みである」といえないか。マルクスは、資本が労働者から買うのは、労働ではなく労働力であり、労働力（商品）の再生産に要する必要労働を、その価値の実体として賃金を介して引き渡し、その使用価値としてうけとる全労働時間をわがものとし、そこにふくまれる剰余労働にもとづく剰余価値を取得する生産関係が、商品経済的な正当性と合理性をともない法則的に反復されている原理を発見した。

そこからふりかえってみると、労働力が商品化されている資本主義的市場経済のもとでは、ロックらの労働所有権論は私有財産権の正当化の論拠を十分には与えていないともいえる。そうとすると、基本的人権としての私有財産権は、社会的になにを基本的な論拠として正当化しうるのであろうか。市場経済社会では、商品として購入したものは私有財産権を認められるであろう。しかし、土地やその他の生産手段を世襲的に譲り受けている広義の資本家階級と、生産手段を私有しえない大多数の賃金労働者階級とのあいだには、経済的な自由と平等に実質的に大きな格差がくりかえし再生産され、さらに拡大されやすい。それを是正しようとする相続税や累進所得税などには、自由、平等の社会理念との関係で、基本的人権としての私有財産権に、もともと社会的に介入しうる余地があることも示唆されている。

他方、資本の価値増殖の手段として労働・生産過程が組織されているかぎり、商品として購入される労働力は、その価値と使用価値との関係をつうじ、剰余労働を資本に搾取される社会関係から脱しえない。労働者の組織的抵抗やそれを一因とする社会的規制が加えられないと、競争する資本の価値増殖運動においては、労働力の使用価値としてえられる労働日の時間を、無償や多少の残業手当で延長する絶対的な剰余価値の増産が試みられる傾向も後をたたない。あわせて、同種商品を産出しているおなじ産業内で、競合している他の資本より優れた生産技術を導入して、製品のコストダウンを実現した資本は、一物一価でその商品が売られるかぎり、特別剰余価値が獲得できるので、それを動機として資本主義は生産技術の革新に駆り立てられる。その結果、労働者の必要な生活手段がその生産部門や、その生産手段部門で、直接・間接に労働価値を引き下げられてゆくと、労働者が労働力の価値としてうけとる実質賃金の内容をなす生活手段の物量が変わらなければ、あるいはその増加の程度が労働生産性の上昇より少ないならば、必要労働時間が短縮され、剰余労働時間が増大し、相対的剰余価値の生産が実現される。

資本主義には、剰余価値の生産を増進するために、技術革新を追求し実現してゆく強力な動機が個別資本にも社会的総資本にも内在しており、そのためそれ以前の社会にくらべ科学技術の進歩が急速に促進される傾向を特徴的に生じている。その傾向は、一八世紀末から一九世紀初頭にかけてイギリスで先進的に綿工業の機械制工場を実現した産業革命以降、とくに顕著となり、それ以前の手工業段階でのマニュファクチュア（工場制手工業）まで重要とされていた熟練や経験を必要とする作業の多くを、自動的機械による作業方式により不要とし、労働力を市場でたがいに互換的で同質的商品としてあつかえる社会的基礎を確立することにもなった。

それにともない、労働者は本来はそれぞれに構想と実行の二面からなる人間的労働能力を共有していながら、その労働力を単純で互換的な商品として購入・使用され、自動的機械装置のもとで、局部的で単調な作業をくりかえす職務に従事することとなり、人間的な構想や知恵を発揮する労働のよろこびは大きく失われていく。そのため人びとにとって労働は、ストレスの多い労苦と感じられ、産業病理学の対象となるような神経症も生じやすい。人間的労働の二面のうち、構想は、資本やその人格的担い手たる資本家に集中され、社会的にみれば、人間のつくりだす機械装置の体系に大多数の人びとの労働作業が支配されているかのような、人間の自己疎外が労働過程に深化する。そこにも近代社会の理念としての自由と平等が経済生活において実現されがたいしくみがある。

にもかかわらず、働く人びとの意識は、マルクスも指摘しているように、奴隷や農奴と大きく異なっている。奴隷は、全労働時間を所有されている主人のために働いているとみなしていたにちがいない。五公五民で毎週三日ずつ封建領主の荘園と家族用農地とで賦役労働と自分用労働とをおこなっていた農奴には、剰余労働と必要労働は時間的にも空間的にもはっきりと区分されていた。ところが、奴隷や農奴のような人格的な身分支配から解放された近代資本主義のもとでの自由な賃金労働者は、内容的には、奴隷や農奴と同様に剰余労働を搾取されているにもかかわらず、全労働時間をすべて自分の生活のため働いていると理解しがちである。なぜか。その秘密は労働賃金の形態にある。

労賃は、もともと資本主義に先行する市場経済のもとで、職人や傭兵への労役への報酬の支払い形態として、それぞれ一日分のしごとや労役への貨幣報酬を意味していた。その支払い形態が、資本主義のもとで社会的な規模で、労働力が商品化されるさいに、その価値の形態としての賃金にもひきつがれ、その労働力（商品）の使用価値として、さきの事例のように一二労働時間が資本にひきわたされ使用されるさいに、賃金はその全労働時間への報酬と理解され続けることとなった。独立自営の腕の良い庭師のような職人であれば、一二時間の庭しごとで、その全労働時間と同量の労働時間をふくむ生活手段を入手できる三万円を報酬としてえることも通例でありえたであろう。しかし、資本のもとで購入され使用される労働力（商品）の価値は、社会的な総体としても標準的な個別労働者についても、その使用価値としての全労働時間に同等の労働時間を生活手段として入手することにはなりえない。労働力（商品）の価値は、労働者の生活を支え労働力を再生産する生活手段に対象化されている、さきの事例では、六労働時間のみを賃金としての一万五〇〇〇円を介し、一二労働時間からとりもどし、それをこえる（さきの例では六時間の）剰余労働時間は剰余価値の源泉として、資本に取得可能とされる関係にある。にもかかわらず、通常、資本家も労働者も一二労働時間の一労働日全体に一万五〇〇〇円が支払われるものと理解している。

その発想は、賃金が基本的には時間給形態において支払われ、授受されることからも強められている。時給一二五〇円がさきの事例での賃金計算の基本とされ、一二時間働くことで一万五〇〇〇円の生活費がえられるとみなされ、週休二日制なら七万五〇〇〇円、月給なら三二万円程度が、全労働時間への報酬とみなされる。実際、時給で働いている非正規労働者の場合、一日六労働時間しか仕事がなければ、賃金は七五〇〇円にとどまり、必要生活手段は、通常の半分しか入手できない貧困をせまられる。時給の賃金形態は、労働者に全労働時間をみずからの生活の維持、さらに向上のために役立つと意識させる効果があり、そこから能動的に労働日の延長に協力する動機と傾向もひきだす作用を果たす。

もうひとつの賃金形態は出来高払いである。時給形態を基礎として、標準的な技術で仕上げることのできる出来高におうじて、その報酬が支払われる形態をさす。たとえば、標準的な技術でワイシャツ一枚の仕上げに二時間かかるとすれば、その工賃は一枚あたり二五〇〇円と算定される。この出来高払いの形態は、職人への請負しごとへの支払い形態に外見上、類似しており、全労働の成果に賃金が支払われるという意識を強めつつ、工場や事務所の外で分散的におこなわれる作業についても、労働者の労働意欲を誘発し、みずからの生活の維持向上のために積極的・効率的に、長時間しごとをするようにうながす。

こうして時間給と出来高払いの二形態での賃金は、その背後にある価値の実体として、労働者の支出している労働時間のうち、必要労働時間のみを労働者に帰属させ、それをこえる剰余労働は資本に剰余価値として搾取される関係を隠蔽し、全労働時間にたいする報酬が支払われていると意識させる作用がある。そのため、労働者は、自由な契約を資本ととりかわして、全労働時間をみずからの経済生活のために働いていると理解しがちになる。しかし、その労働過程は、商品として販売された労働力の使用価値の利用過程にほかならず、基本的には資本の専制支配のもとに管理され、規制されつつ、剰余労働を搾取される内実をともなっている。人格的には自由、平等の市民社会の法形式をつうじ、労働者の経済生活を被支配階級の位置において維持・再生産するところとなっている。その意味で、近代社会の自由、平等、人権ないし友愛の理念は、経済生活の内実に徹底されえず、むしろそれ以前の階級社会の歴史に、資本主義も終わりを告げることができず、その理念にそむく階級社会の特殊な発展形態を構成していることになる。

（2）剰余価値の分配諸形態　近代以降の資本は、社会的規模で労働力を商品化し、産業革命により労働力を互換的で同質的な商品としてあつかうしくみを確立し、剰余価値を剰余労働により生みだす社会関係を形成してきた。そのさい、さきにみた労働価値説の古典派的な理解では、生産物に対象化されている労働量に正比例する価格関係が法則的に成立して、その価格を介し、商品生産物がたがいに等労働量交換をくりかえしているとみていた。こうした労働価値説は、個別資本が異なる産業間で競争するなかで、商品生産物の価格が、それぞれの投資額に平均利潤率をもたらすような商品一個あたりの平均利潤を、その生産に要した費用価格とあわせて取得させる傾向があることと、理論的に整合するであろうか。

というのは、異なる産業で技術的な基礎がちがえば、労働力の購入にあてられる可変資本（v）と生産手段にあてられる不変資本（c）との構成割合が異なるからである。そのうち可変資本（v）のみから剰余労働による剰余価値（m）が生ずるので、労働力が同質的で、剰余価値率（m／v）が、たとえば一〇〇％で同等であれば、生産物に対象化される労働量（c＋v＋m）に比例する価格で売買されると、産業ごとに利潤率が異なってしまう。たとえば社会に三つの異なる産業があり、それぞれに億の時間単位で同額の一〇〇の価値実体をもつ資本が投じられ、簡単化のためにそれぞれの資本は年一回、回転し、固定資本は省略しておき、それぞれの資本構成と年生産物がつぎのような価値実体をもっていたとする。

70c ＋ 30v ＋ 30m ＝ 130
80c ＋ 20v ＋ 20m ＝ 120
90c ＋ 10v ＋ 10m ＝ 110

この場合、それぞれの商品生産物が労働実体に比例する価格で売買されているかぎり、投資額にたいし、剰余価値としてえられる利潤の率は三〇%、二〇%、一〇%と相違することとなる。それは資本の競争が異なる産業について、投資先を選択的に移動しつつ、利潤率を平均化する法則的傾向に矛盾するようにみえる。これが、さきにみた剰余価値生産の原理とあわせ、古典派労働価値説につまずきの石となった第二の理論的な難問をなしていた。

リカードは、この難問をめぐり（等労働量交換を想定した）価値論は若干の修正を要すると述べていた。マルクスは、これをひきとって、資本の競争を介して商品生産物の価値は、費用価格（c＋v）に平均利潤（mの投資額に応じた平均配分、上記の例では二〇）を加えた生産価格（上の例では一二〇）に転化すると論じていた。それは、あたかも社会を構成する資本が一企業をなしている場合の剰余価値の投資額に応じた、各事業部門への平均的な再配分のしくみともみなせる。したがってまた、総生産物の価値は総生産価格に等しくなり、そこにふくまれる総剰余価値は総利潤と等しくなるという、総計二命題を価値と生産価格とをつなぐ法則的関係と規定していた。

その後、現代にいたるまで、この論理の正否が、マルクス労働価値説の妥当性をめぐる論争問題となり、いわゆる転形問題論争を生じて、非マルクス学派の有力理論家も参加して検討が続けられている。その経緯については拙著（伊藤誠 2011）での整理を参照していただきたいが、そこでも述べたとおり、つぎの三点がほぼあきらかにされてきている。

第一に、生産価格は資本の競争をつうじて成立する価値形態としての、たとえば円やドルを単位とする価格の展開形態であり、その背後の価値の実体としての労働時間と、次元も単位も異なる。そのため、労働価値と生産価格の総計や、そこにふくまれる剰余価値と利潤の総計が一致することにはならないし、それは理論的に問題とするにあたらない。

第二に、さきにもみたように同質的労働が想定でき、結合生産物がなければ、投入－産出の技術的な物量体系と労働者の必要生活手段の物量が与えられれば、そこから各生産物一単位に対象化される労働時間（c＋v＋mの価値実体として）が算定できると同時に、そこから商品生産物の生産価格も同様の連立方程式をたてて解を求める手法で、整合的に導くことができる。その結果、えられる生産価格は剰余価値の資本家による社会的再配分をふくみ、そのため労働価値との正比例関係は失われる。

とはいえ、その生産価格での売買をつうじ、そのうちの費用価格部分は、資本が生産物の生産に必要とした生産手段と労働力の価値実体（c＋v）を、それらの使用価値とあわせ、次年度の生産継続のために補塡する機能を果たしている。それに追加される平均利潤は、それぞれの産業で産出される剰余価値の実体とは比例しない。しかし平均利潤は、社会的には総体としての剰余労働の成果の資本主義的再配分を法則的に実現するものとなる。

　マルクスの総計二命題は、もともと生産価格の背後に存在している生産物の価値実体としての労働総量と剰余労働の総量が、生産価格での売買を規制しつつ、それを介して、社会的に再生産を継続してゆくうえで必要な、生産要素ならびに生活手段とそれをこえる剰余生産物とを、それらにふくまれている労働実体とともに、各産業の資本とその労働者がどのように取得してゆくかをあきらかにする意図で提示されていた。その意図は、内容的に十分に理解可能なものであった。もともと労働価値説は、正確にはむしろ商品生産物に対象化される労働量と価値の形態としての価格の基準との関係に、剰余労働部分の範囲で比例関係にずれを許容しうるし、そのかぎりで不等労働量交換をともないうる弾力性をふくんで貫徹されてゆくものと理解されてよいのであって、その意味では生産価格は価値法則の修正ではなく展開形態とみなされてよい。

　第三に、費用価格と平均利潤との合計としての生産価格の体系は、その背後の客観的な基礎とされている投入‐産出の物量体系から、労働実体を算定する迂回路を経ずとも、直接導けるので、労働価値説は余計で不要ではないか。非マルクス学派の有力な理論家たちは、こう論評している。かりに、経済学の理論的な課題が市場での均衡価格の決定論に集約できるなら、その論評はうなずける。しかし、資本主義市場経済が、社会的な労働の成果を価格関係の背後において、どのようにとりあつかい、労働者階級と資本家階級の経済生活の基礎を維持再生産することになっているのか。それは、社会科学としての経済学にとって、興味ある重要な考察課題ではなかろうか。古典派経済学からマルクス経済学が継承した労働価値説は、この課題に応える基礎理論をなしているのであり、剰余価値としての利潤の社会的で客観的な源泉をあきらかにする有力な理論を提供していることが見逃されてはならない。

ところでこうした検討もふまえ、資本主義社会の利潤が、資本の組織する生産過程で産出される剰余価値を、個別資本が競争を介して取得しあう関係を基本として理解されるなら、生産過程を担当せず、商品流通の媒介をおこなう商業資本が取得している商業利潤の成立根拠はどこにあるのだろうか。

生産を担当している産業資本が消費者への小売りや、他の資本への卸売りも、みずから担当することもむろんできる。現代的にも、自社製品を販売する子会社を組織しているクルマや石油のような業界もみられる。しかし、多くの産業では、メーカーが製品の販売を直販するより、卸売りと小売りの商業活動に専業化する商業資本にゆだねるほうが、販売のための店舗などの設備や資材、人件費の集中による節約が見込める。そのため産業資本は、その販売過程に要する流通資本や流通費用を削減し、販売に要する時間を短縮して回転をはやめるために、製品を商業資本に最終的な生産価格より安い価格で卸売りして、みずから販売過程まで担当するより利潤率を向上させる場合が多い。

その場合、商業資本は多数の産業資本から仕入れる商品を卸売価格で仕入れ、集中して販売するさいに、生産価格で売り、差益を商業利潤として流通過程のみに投じている商業資本の利潤とすることができる。そのかぎりでは、商業利潤の資本主義的な合理的成立の根拠は、産業資本の流通過程を代行することで、産業資本による剰余価値生産の増進をうながし、その剰余価値の増大分からの再配分を、仕入れ価格と販売価格との差益として取得するところにみいだされる。個々の産業資本も、直販より生産価格から割り引いてもまとめて卸売りするほうが利益があがるかぎりで、商業資本に販売することになる。

こうして原理的には、産業資本の生産する剰余価値の一部を再配分しつつ、商業資本も、利潤率をめぐる競争に参加し、場合によっては産業資本に転化し、産業資本も商業資本に参入する競争関係のなかで、商業資本の利潤率も社会的均等化の法則にしたがうことになる。そうした商業資本は、資本主義に先行する社会のあいだに生じていた商人資本と同様の、安く買って高く売る資本の運動形式を示しつつ、現実的には、広く非資本主義的な小商品生産者などとも取引関係を有する。しかし、古くからの商人資本と異なる近代以降の商業資本の原理的存立の基盤は、産業資本の価値増殖運動の効率を増進する役割を補足的に担いつつ、その産出する剰余価値の再配分をうけるところにあるといえよう。

　資本主義に先行する市場経済のなかでは、古くから商人資本とならんで、金貸し資本が利子形態で自己資本を増殖する運動形式を示していた。しかし、資本主義的市場経済になると、利子付き資本は、独立業種の資本の増殖運動ではなくなる。むしろ産業資本と商業資本の回転運動にともなう、利潤の一時的貯蓄、固定資本の償却資金、各種準備金などの遊休貨幣資本を相互融通しつつ、利用しあって剰余価値生産の効率を高める信用制度のなかで、資金の融通をうけて追加的にえられる利潤の一部を利子として支払いあう形で、利子付き資本の形式が、あらゆる業種の資本に利用されることになる。典型的には、商業手形による商品の信用売買に代表される商業信用と、そこから生ずる商業手形の割引業務を中心とする銀行信用からなる信用制度が、利潤を生む産業資本と商業資本（両者をあわせて現実資本ともよぶ）の遊休資本の相互融通のしくみとして形成され、手形取引にともなう商品の信用売り価格の一部や、手形割引にさいしての銀行の割引利率や、預金受け入れに支払う利子を介し、利子形態での剰余価値の再配分が展開される。

　そのしくみを独立の業種として仲介する銀行資本は、遊休資金を預金利子で買い入れて貸付利子で売る、一種の商業資本として、資金の売買にあたり、産業資本や商業資本と競合しつつ、平均利潤を貸付利子のなかから取得することになる。

産業資本を基礎とする利潤率が、さきにみたような再生産の技術的な物量体系から客観的に決定される原理を有するのと異なり、近代化された利子率は、遊休資金の需給関係に動かされつつ、通例は利潤率より低い水準において、利潤からの派生的配分をうける性質がある。利子率と利潤率のそのような決定原理の相違を認めて、両者の関係を考察することが、古典派経済学からマルクス経済学が継承している剰余価値論の重要な一面をなしている。

商業信用とそれにもとづく銀行信用が、遊休資金の利子を代価とする比較的短期の売買市場を形成するのにたいし、個人的投資では、容易に実現しえないような企業の設立や拡大に、共同出資として、有限責任で売買可能な株式証券形態での投資を求めるしくみも形成される。株式取引所における株式会社の資本持ち分としての株式証券の取引は、資本の商品化をもたらし、資本市場を形成する。株式証券の所有持ち分に比例した利潤の配当は、株価と比較されて利回りを、貨幣市場での利子率を基準とし、あたかも配当が擬制資本としての株式価格にもとづく利子としてえられるかのように意識され、年配当を年利子率で割って算定される株価が資本市場での売買の重要な参照基準とされる。

そこから国債や社債などの定期的に収入をもたらす証券なども、その収入を利子率で割って、擬制資本価格が算定され、資本市場でも取引される擬制資本としてあつかわれる。

こうした資本市場のしくみと貨幣市場との関連の全体が、資本主義的な金融機構を形成しているのである。

(3) 地代と土地所有　資本主義市場経済のしくみが社会的な再生産の全体を包摂しているとすれば、あきらかに土地所有とそれにもとづく地代の取得も、封建社会のように直接的生産者を直接に支配して、その全剰余労働を搾取するしくみではなくなる。むしろ地代も、基本的には、資本が生産手段として土地を利用することで産出する剰余価値の利潤としての取得関係を前提に、その一部の再配分をうけるものとなる。資本が産出する剰余価値の利潤としての取得関係から、地代が副次的に支払われる原理には、差額地代と絶対地代との二形態がある（その原理は、資本主義のもとで農民や労働者が土地所有者に借地料を支払う場合の考察基準としても重要な意義を有している）。

差額地代は、すでにリカード（1817）がほぼあきらかにしていた。資本が生産手段として利用する自然条件としての土地には、肥沃度や日照、水利などさまざまな差異がある。それゆえ、おなじ技術で同量の資本各一〇万円を一〇アールずつの水田に投じても、収量が異なり、たとえばA地は三六〇kgの米を算出し、B地は四八〇kgの、C地は六〇〇kgの米を産出するとしよう。かりに六〇kgあたり二万円が米の市場調節的な生産価格で、一般的な利潤率は二〇％であると想定し、固定資本は簡単化のために捨象しておけば、A地への投資はちょうど平均利潤をあげる。そのA地での生産が、米の社会的な必要をみたすために必要で、その生産条件で平均利潤が成立すると考えておけば、B地には平均利潤二万円をこえる四万円、C地には八万円の超過利潤が発生することになる。そこで、利潤率をめぐる資本の競争は、この超過利潤までB地とC地での借地契約での地代を引き上げて、超過利潤を地代に転化するであろうし、それぞれ超過利潤としての四万円、八万円をこえる地代が要求されれば借り手はつかないであろう。

土地が工業地や商業地として利用される場合には、交通機関との関係などをふくむ場所の優劣が重要となるであろうが、おなじ技術的な条件で同量の資本が投じられても、土地の条件で利潤量に差が生じ、社会的な需要をみたすうえで、限界的に必要とされる最劣等地への投資に、平均利潤を与えるような市場生産価格が成立するかぎり、それより優等な条件の土地を利用する資本には超過利潤が発生し、資本の競争を介し、そのような超過利潤は地代化されるにちがいない。

こうしたリカード以来の差額地代論では、さきの事例のA地のような限界的な最劣等地には、超過利潤が生じないので、地代は支払われないこととなる。しかし、資本主義は土地の私的所有を前提にしているので、無償で利用できる土地があるとは思えない。たとえば、さきの例で、差額地代論の範囲では地代が発生しないA地の所有者が、一〇アールあたり年一万八〇〇〇円の借地料を求め、それなしには利用を拒否しているなら、米の社会的な必要をみたすべき市場調節的生産価格は六〇kgで二万三〇〇〇円まであがり、A地への投資にも平均利潤をこえる超過利潤一万八〇〇〇円をもたらし、それが地代に支払われることになろう。こうした土地所有による土地の利用制限から生ずる地代を、マルクスは絶対地代とよんだ。その場合、むろんB地、C地の米価も六〇kgあたり三〇〇〇円ずつひきあげられ、それぞれ地代化する超過利潤を二万四〇〇〇円、三万円増大させる。その部分も絶対地代の性質を有すると考えてよいであろう。

このような差額地代と絶対地代は、土地の所有者に、資本の産出する剰余価値の一部が市場生産価格の作用をつうじて、土地の自然的な条件の差異や土地の私的所有の制限から生ずる超過利潤を、資本の競争過程で地代として再配分する原理を示している。その地代も定期的な収入として、利子率で割り算されて、擬制資本としての資産価値が市場でそれぞれの土地の価格の基準となる。

地代を主たる所得とする土地所有者階級は、労働者階級、資本家階級とならぶ資本主義社会の三大階級を古典的資本主義では構成していた。しかし、その社会的地位は、社会的な剰余労働の全体を直接に搾取していた封建社会の土地所有者とは大きく異なっている。

原理的には、資本の生産過程にもとづく剰余価値の一部の再配分をうけ、しかも擬制資本としての資産の利回りとして地代も意識され、算定される関係におかれ、この二重の意味で資本家階級の副次的位置におかれる傾向もある。

資本主義的市場経済のもとで、資本の競争過程がもたらす利潤、地代、利子を、すべて擬制資本としての資産の生む果実とみなす日常的表象は、労賃の形態が全労働日への等価の支払いとみなされる表象と表裏一体をなしている。それらは、基本的には、資本の生産過程における労働者の労働が、社会的な規模で剰余価値と労働力の価値との実体を、いわゆる国民経済計算における付加価値の内実として産出し、剰余労働が搾取されている社会構造を隠蔽しつつ維持する、物神的な意識形態をなしているのである。

第2章

資本主義のダイナミズム

前章では、資本主義が徹底した商品経済による社会を形成しており、その前提条件が社会的規模での労働力の商品化にあることをみた。労働力を商品化し、商品経済を社会的経済秩序の内的原理に転化した資本主義は、社会の経済生活の原則的基礎をなす労働・生産過程を、資本の生産過程として編成し、商品による商品の生産過程を全面化してゆく。資本は労働力（商品）を購入して、その使用価値として労働者が職場で支出する全労働時間を取得する。労働者が取得する労働力（商品）の価値の実体は、労働力の維持再生産に要する生活手段に対象化されている必要労働時間で、それは全労働時間のすべてを占めることにはならない。たとえば半分とか六割ですむなら、それをこえる剰余労働時間は、資本の取得する剰余価値の源泉をなす。

しかし、資本主義のこうしたしくみは、日常的な意識では理解されない。労賃は、時間賃金にしても出来高払いにしても、労働者の全労働時間への報酬の支払いとみなされ、資本の競争を介して社会的に配分され取得される利潤、利子、地代は、資本と土地が産出する所得とみなされる。

そのような物神的な日常意識のもとで、ほんらいは自由で平等な社会を理念として、中世封建社会までの身分的階級社会の差別をのりこえたはずの近代社会において、現実には、資本主義のもとで、生産手段としての土地や資本を所有して、不労所得としての剰余価値を取得する社会階級と、生産手段を所有しえず労働力を商品として資本に販売して生計を立てるほかない大多数の労働者階級とのあいだに、富と所得の格差が、実質的な階級社会としての不平等と、それにともなう経済生活上の自由度の差異をともない維持再生産され続けている。

こうした資本主義のしくみは、また中世封建社会までとは異なり、政治権力や宗教的支配に直接依存しない、商品経済の秩序による経済生活の自律的運動を社会の基本とする傾向を示してきた。しかもその経済生活のしくみは、中世までの経済生活における変化が比較的とぼしく、あるいは緩慢であったのと比較すると、あきらかにさまざまな側面で変化が大きく、ダイナミックな運動を展開している。そこに資本主義のもうひとつの顕著な特徴がある。

資本主義に特有なダイナミズムのもとはどこにあるのか。それも、労働力を商品化して商品経済の秩序を社会内部の経済生活の基本原理としつつ、資本の価値増殖運動をその社会の組織的編成の主体としてきたことに大きくかかわるところである。本章では、この問題の基礎を、分業の効果と技術革新、資本主義における人口法則、景気循環と恐慌の三節にわけて、考察してみよう。そこでも資本主義の歴史社会としての特徴的な光と影が問われることとなる。

1　分業の効果と技術革新

資本主義は、それにさきだつ社会とくらべ、生産方法をあいついで変化させ、労働生産性を急速に上昇させている。それにともない、同じ商品の生産に要する労働時間も生産コストも節約されて、単位あたりの商品価値は低下する傾向が強い。資本としての価値を増大させることを目的として生産を組織するしくみのもとで、その産出する商品価値を引き下げる努力がくりかえされる。それはなぜか。

前章でも述べたように、そこには二重の動機が働いている。そのひとつは、同一種類の商品を産出している産業内で、標準的な生産方法にくらべて、とくに優れた労働生産性をあげる技術的な革新を実現して、製造コストを引き下げた個別資本には、標準的な生産方法による諸資本と競争しつつ一物一価で製品を販売するかぎり、平均利潤をこえる特別利潤が獲得可能となる、という動機である。その可能性は、販売価格を他の資本より多少引き下げて、市場でのシェアを広げ、より多くの製品を販売する可能性にも転用できる。類似商品より魅力的な新製品や新たな製品モデルの開発にも、同様の効果が期待される。

先進的な技術革新のもたらす特別利潤は、やがて他の資本にもその技術が普及して、それが標準的な生産方法になれば、製品の市場価値がそれによる生産費用にみあう水準に引き下げられてゆくので、消滅してゆく。しかし、その結果、労働者の生活手段の商品価値が、直接・間接に引き下げられてゆくかぎり、労働者の必要生活手段の使用価値量が変わらないか、あるいは増えても、労働生産性の上昇率を下回っていれば、剰余労働時間を剰余価値として増大させる社会的効果をあげる。これが、資本のもとで労働生産性が高められてゆく、もうひとつの社会的動機となる。

そのような資本のもとでの生産方法の発展の基本的な様式として、協業、分業、機械装置の発達をあげることができる。

A・スミスは、主著『国富論』(1776)の冒頭に、当時のピン製造マニュファクチュア(工場制手工業)の事例をおき、分業の効果を国富増進の基礎として強調していた。その事例では、一〇人の職工が一八の別々の作業を分業して、一日に四万八〇〇〇本のピンを産出していた。もし彼らが全工程をそれぞれに担っていたなら、一日一人では二〇本のピンどころか、一本のピンさえ作ることはできなかったであろう。分業の効果として、一人あたりの労働生産性は、二四〇倍から四八〇〇倍に上昇したことになる。

こうした分業の顕著な効果は、スミスによると、①分割された作業への労働者の技能の向上、②異なる作業への転換にさいし、最初は気がのらずに空費されやすい時間の省略、

③部分作業に適した道具、機械の発達といった三要因から生ずる。それぞれ納得のゆくところだが、とくに第二の要因は、人間の心性に深い興味をよせていたスミスらしい指摘で、日常生活のうえでも思いあたるところではないか。

さらにスミスは、分業の効果は、作業場内にとどまらず、多様な業種、職業を生む社会的分業にも広がっているとみなしていた。そして、そのような分業は、社会の富裕化を予見し意図した人間の設計的な知恵の所産ではなく、人間の本性にそなわる「交換性向」の自然的帰結であると述べていた。

たしかに市場経済社会は、計画経済とは異なり意図的に構築された秩序ではなく、人びとの個人的利益の自由な追求による商品の無政府的な取引に依拠して、分業の効果を社会的に広げてきた。とはいえ、その基本をなす商品の取引は、スミスの想定するように、人間の理性や言語による説得性向に由来する自然的交換性向の発現であって、人間にとっての自然的自由の秩序であるとみなしてよいのだろうか。この想定は、古典派経済学と新古典派経済学の基本に流れる資本主義市場経済についての自然主義の発想につうじている。しかし、その発想は、資本主義のもとで、理性や言語や、それによる他人の説得を、商品の取引、交換行為に日常的に用いている人びとの性向を、人間一般の自然的な姿とみなす誤解にもとづいていた。その結果、資本主義にさきだつ共同体社会の長い歴史も、あるいは市場経済を統御し、その弊害をのりこえようとする社会主義や社会民主主義も、ともに人為的で自然に反する無理をともなうものとみなすことになりやすい。

マルクス（1867）は、そうした古典派経済学の自然主義に学問的な認識として批判を加え、資本主義市場経済の特殊な歴史性を理論的に解明する試みをすすめた。そのさい、スミスによる作業場内分業の効果について、さきの三要因は、そのまま容認していた。だが資本主義のもとでは、労働力の商品化にもとづき、作業場内分業は資本の専制支配のもとに（したがって設計的に）組織され、市場を介しての社会的分業は、無政府的に事後的調整にゆだねられ、その両者は異なる秩序をなしていることを指摘している。

概して、予定調和で市場経済社会のしくみに楽観的な見地を示しているスミスが、分業の経済学といわれるその主著で、分業の効果を、いわば光として強調しつつ、その影も指摘しているところもある。分業の結果、毎日の職場で単調な作業のみを反復していると、多くの人びとが判断力や理解力を不要とされ、精神が麻痺してしまう。マルクスも同じように、分業が働く人びとの豊かな生産的な本能と素質を抑圧して奇形化し、産業病理学の材料を供給する弊害をともなうと述べている。その弊害は、現代のオートメーション化がすすんだ多くの職場の作業にもつうじている。スミスがそれへの対策としてあげていた初等教育の普及では、その深刻な作用は克服できなかったことになる。

スミスの強調している分業の効果に加え、資本主義が労働生産性をダイナミックに高めてきた基本様式として、マルクスはさらに協業と機械装置の発達の意義を指摘している。

協業は、同じ作業場で多くの人びとが同時に作業する労働形態を意味する。作業場内分業も機械装置による労働も、その発達形態といえる。労働力を商品化して使用する資本のもとでの生産過程は、それにさきだつ社会での農民や職人の家族的小生産にくらべ、あきらかに協業の規模を拡大する特徴を多くの職場に実現してきた。もっとも古代以来、ピラミッドや万里の長城のような記念碑的建造物の構築や収穫時の農作業などに一時的に、多くの人びとの協業が組織されることはあった。

分業にさして依存しない、いわゆる単純協業においても、つぎのような一連の効果があげられることをマルクスは説いている。①労働者の個人差は、五人集めるとほぼ相殺され平均化される。②労働手段や作業場の共同使用により節約できる。③多数の手で重い障害物をとりのぞくような集団力が発揮される。④あい並んで仕事することで、人びとの活力や競争心が刺激される。⑤リレー作業のような労働の結合により効率が向上する。⑥適時に多くの人手を要する収穫やニシン漁のような結合労働の必要な種類の作業もおこなえる。

こうした単純協業の効果のいくつかは、分業による協業や機械装置のもとでの作業場でも、その基礎として活かされているといえよう。そのうち④で指摘されている競争心の刺激は、通常、市場経済によらなければ競争は促進されないように理解されがちであるが、人びとが協力して働くしごと場でも、競争して効率を高める効果が生ずる側面に注意をうながしており、興味を惹かれる。

資本は、労働力を商品化して、協業やそれにもとづく分業を組織し、そこで実現される生産性向上の効果を、個別資本の特別利潤の追求の手段として利用し促進しつつ、社会的には労働力の価値を切り下げ、剰余価値の生産効率を高める変化を継続的におしすすめる[1]

とはいえ、スミスの重視していたマニュファクチュア（工場制手工業）としての分業は、手作業の熟練を重要な要因としていたかぎりにおいて、熟練工のしごと場での作業のペースを、資本は十分に管理することはできず、必要な熟練工がそう容易に増やせなければ、資本の生産・拡大もそれによって制約されざるをえなかった。また手作業が中心であるかぎり、資本主義的工場制度も、家内手工業を競争上、駆逐することはできず、非資本主義的な小経営を広範に残さざるをえなかった。

しかし、資本主義の発生期における代表的な産業のウール・マニュファクチュアの発達にともなう手作業の道具の多様化によって、やがて一八世紀末から一九世紀初頭にイギリスで綿工業の紡績と織布に産業革命が生じ、作業機と蒸気機関による動力機とそれらをつなぐ伝動機を統合した、機械制工業を創出していった。産業革命によって、資本は、労働力の圧倒的な部分に熟練を要しない、代替可能な商品としての一様性を社会的規模で実現し、労働力の商品化を徹底させ、市場経済にもとづく自律的な価値増殖を確立することになる。それにともない、資本は、生産過程にもとづいて獲得する剰余価値から、資本にその一部を追加して自己増殖をすすめる資本の蓄積過程を、重商主義的保護政策に依拠せずとも進展させうるようになる。労働者の熟練にもとづく作業ペースの決定力は大きく失われ、作業の多くは、資本の支配する機械装置の自動的運動に規制され、服従せざるをえなくなる。チャップリンの名作映画『モダン・タイムス』は、それを風刺的に映像化していた。

こうした資本の蓄積体制の基本となる生産方法発展の論理は、その後の重化学工業の発達や、現代の情報通信技術の高度化と普及のなかでも基本的にはつらぬかれている。資本は、協業とそれにもとづく分業を機械装置による自動化により高度化しつつ、労働生産性上昇を多面的な機械装置の発達をもたらす技術革新により促進しつつ、それをつうじ、一貫して労働力（商品）の利用可能性の拡大と、それにともなう自己増殖の容易化を展開してきているとみてよい。

2　資本主義における人口法則

資本主義はこうして、労働力を商品化して、資本の価値増殖のために生産方法を多面的に高度化し、技術革新をくりかえして、さまざまな生活手段と生産手段とを資本のもとで産出するしくみを形成してきた。それによって、古くから共同体的社会のあいだの交易に用いられていた商品経済のさまざまな形態が、社会内部の経済生活の組織原理となり、封建社会までの共同体的社会関係は解体され、徹底した商品経済社会が広がっていった。

その変化は、社会の基礎をなす人口の動態にも顕著な影響をおよぼした。ことに中世までの農村共同体において、それぞれの村落、農民家族ごとに利用可能な耕地と、それによって養える人口規模とを維持してゆくために継承されていた――たとえば一子相続制、間引き、姥捨てなどの――慣習や制度が、個人主義的市場経済の浸透と労働力の商品化、都市部への人口移動などをつうじ破壊されていった。同時に、資本主義的経営もその周辺の家族的経営もその刺激にうながされて、生産方法を革新しつつ、生産を増加させて、増大する人口に必要な生活手段や働き口を提供しうる可能性を広げていった。それにともない、結婚、出産の抑制の慣習も除去されてゆき、衛生医療技術の近代化も疫病の予防、幼児・

児童の死亡率の低下に寄与し、資本主義の発達は、人口増大を顕著に促進した。

資本主義の母国イギリス（イングランドとウェールズ）でみると、中世まで停滞的であった人口が、一八世紀には年平均の増加率が〇・五％とはっきり増加しはじめ、五五〇万人から九二〇万人とほぼ一・七倍となった。ついで一九世紀には年平均の増加率は一・二五％と急増を記録し、一九〇一年には三二三〇万人と三・五倍の増大を示している。日本でも江戸時代後半期に抑制されていた人口は、明治維新の一八六七年の三三八〇万人から、資本主義化にともなって急増し、一九三三年までの六六年間に年平均一・〇五％で増大し、六七四三万人へほぼ倍増した。ついで二〇〇八年までの七五年間に年平均の増加率は〇・八六％で増加し一億二八〇八万人とさらにほぼ倍増して、ピークに達している。

こうした資本主義の発達の過程に生じた人口の増大は、しばしば自然法則とみなされるとともに、社会の活力を示すものというより、むしろ、そこから貧困問題を不可避的に生ずる原因と考えられていた。

そうした見解を典型的に示していたのがT・R・マルサスの『人口論』（1798）であった。そこでは、自然法則として「人口は、制限されなければ、等比級数的に増大する。生活資料は等差級数的にしか増大しない」（訳書、二三ページ）とみなされ、社会の下層階級の貧困を除去することは達成しがたい課題とみなされる。そのため、救貧法も、人口増大の圧力を増して、社会全体の福祉をかえって損なうものと批判された。

こうした基本認識とあわせ、マルサスは、結婚の回避や延期、貧困と疾病、戦争などの影響で人口が停滞的になれば、人口と生活資料との不均衡は解消されて、労働者の状態は安楽になるが、それによってまた人口への抑制はゆるみ、人口増大の圧力が増す循環運動が生ずることも補足的に認めていた。

人口の自然的増加の圧力が貧困をもたらすというマルサスの見解は、その後も影響をおよぼし続けている。たとえば、J・S・ミルらにはじまる新マルサス主義は、一九世紀後半以降、マルサスが宗教上の理由で否認していた結婚後の産児制限を、重要な貧困対策として推奨するようになる。また、一九世紀末以降、帝国主義的植民地の拡大が、宗主国の過剰人口の解決策として推進されるとともに、植民地の貧困がまた、自然法則としての過剰人口圧力により不可避的なものとみなされる傾向も続いていた。さらに第二次世界大戦後の植民地独立後の低開発国の貧困問題も、自然法則としての「人口爆発」の結果とみなし、産児制限をその対策として重視する発想も、マルサスと新マルサス主義を継承していた。

これにたいし、マルクス（1867）は、「どの特殊な歴史的生産様式にも、それぞれに特殊な歴史的に妥当する人口法則がある」（訳書③、二一七ページ）と述べて、過剰人口圧力や、そのもとでの貧困問題を自然法則によるものとみなしたマルサスの見解を批判し、特殊歴史的な資本主義的生産様式のもとでの人口法則を、資本蓄積の動態にともなう相対的な過剰人口の形成、およびその吸収と反発の法則的交替の過程として解明する試みをすすめている。

そのさいマルクスは、労働雇用にあてられる可変資本と生産手段に投じられる不変資本との価値構成を資本の有機的構成とよんでいる。そのうえで、資本の蓄積は、技術的な変化による資本の有機的構成の高度化をともない、可変資本の比率を低下させる結果、資本にとって相対的に過剰な労働者人口とその貧困化を生みだす法則的な傾向があると規定していた。それは、マルサスなどが自然法則として強調していた、人口の過剰化とそれにともなう貧困化を、むしろ資本の蓄積過程の内部から生ずる歴史的法則として批判的に位置づける意義をもっている。

それとともに、マルクスは、資本構成が不変の蓄積と、その構成が高度化する蓄積との二様のケースのそれぞれについて、資本蓄積が相対的な過剰人口を吸収して、労働人口にたいし過剰な蓄積にいたると、労賃が上昇して、剰余価値の生産と資本蓄積を困難とするにいたり、その結果、蓄積が停滞し、衰退すると、相対的過剰人口がまた再形成され、労賃が低下する循環的な運動が生ずることにも理論的な考察をすすめていた。それは、マルサスやリカードが、労働人口の絶対数が、賃金の上昇と下降の運動にしたがい増減するものと想定していた見解にたいし、資本蓄積の運動が、いわば独立変数として労働人口の過剰や不足、さらにそれにともなう賃金の変動をもたらすのであって、その逆ではないことをあきらかにした、重要な理論的創見であった。

こうしたマルクスによる資本主義的人口法則の提示は、資本によって生産されえない労働力を商品化して、市場で労働生産物と同様に、需給を調節する過程に内在する特殊な困難を、資本蓄積の動態にそくして理論的に解明する課題につうじている。その内容は、資本構成の高度化をつうじて、相対的過剰人口がその貧困化とともに不断に一方的に深刻化する、いわゆる窮乏化法則の論拠と解釈された論理のみに、とどまるものではなかった。資本の蓄積につれて、相対的過剰人口が吸収されて労賃も上昇する局面も生ずることを認めつつ、その局面は資本の蓄積をゆきづまらせて、その結果、相対的過剰人口が再形成されて労賃も低落する循環的運動が、労働力（商品）の社会的規模での特殊な需給調整メカニズムを形成していることを、明確にするところともなっていた。

他方、人口の絶対数の推移については、マルクスはあまり多くを述べてはいない。とはいえ、人口の増加は一九世紀のイギリスでもひじょうに大きかったが、「その相対的増加すなわち増加率はひきつづき減少した」ことに注目し、政府の人口調査から、一〇年ごとの年平均の増加率が、イングランドとウェールズについて、一八一一～二一年の一・五三％から、一八五一～六一年の一・一四一％にかなり低下した事実をひきだしている（前掲訳書③、二四七ページ）。それは、この時期における生産の「巨人的前進」と対比してみると、マルサス的な人口の等比級数的な増大を自然法則とする見解への反証を示すところでもあった。人口の絶対数の動態も社会関係の変化に規定されていることを示唆しているとも読める。

加えて、当時の社会調査や統計から「実際には、出生数と死亡数だけではなく、家族の絶対的な大きさも、労賃の高さに、すなわち、いろいろな労働者部類が処分しうる生活手段の量に反比例する。このような資本主義社会の法則は、未開人のあいだでは、また文明化した植民地人のあいだでさえも、不合理に聞こえるであろう。この法則は、個体としては弱くて迫害をうけることとの多い動植物の大量的再生産を思い出させる」（同上、二三八ページ）とも述べている。そしてこの部分につけた注では、A・スミス（1776, 第一編第八章）から、「貧困は生殖にはつごうがよいように思われる」という指摘を引用し、さらにS・ラング（1844）が、統計により、貧困は人口の増大を促進する傾向があるとし、「もし世界が安楽な状態にあれば、やがて世界の人口は減るであろう」と述べているところをも引用している。こうした一連の考察は、現代世界における開発途上国での貧困と人口爆発との相互関連と、先進国の多くに生じている人口減少への推移との問題の根源を、資本主義社会の法則として予示しているかにみえる。

これに関連し、最近の開発経済論や国連の人口予測などで、ほぼつぎのような人口転換の法則（Law of Population Transition）が定式化されている。すなわち、それぞれの社会は、多産多死状態で人口が安定していた第一段階から、経済発展がはじまり、死亡率が下がり、多産少死への移行が生じて、人口爆発をみる第二段階となる。ついで、ある時期から出生率も下がって少産少死への移行がはじまり、人口増加率が下がる第三段階となり、やがて少産少死状態で人口がふたたび安定する第四段階となる、というのである。

こうした人口転換の法則は、人口の絶対数の動態について、事実上、マルクスの注目していた資本主義の発展にともなう社会の人口動態の現実的推移を反映し、定式化しているところがある。しかし、それをかつてのマルサスや新マルサス主義の人口論にかかわるものとして、社会・経済の発展の自然的法則のようにみなし、資本主義の発展との関連で人口転換を検討していない点には、批判的な注意が必要とされる。

たとえば、資本主義にさきだつ中世までの共同体的社会では、人口は安定的ではあったが、それは多産多死によるものというより、出生率自体が抑制されていたことによるところも大きい。貧困層ほど人口増加率が大きいというスミス以来の指摘は、資本主義以前の社会には妥当しないところであったといえよう。資本主義の発展にともなう農村部の共同体的規制の解体が、その人口抑制作用をも解体するなかで、多産多死状態に転換すると、人口は増大に転じた。その後の医療・衛生状態改善にともなう多産少死への転換は、人口増大の速度を加速したとみるべきであろう。さらに先進国の多くからはじまっている少産少死への人口転換には、人口増加率の減少にとどまらず、人口の減少とそれにともなう社会・経済的な停滞や衰退をもたらすおそれがあることに憂慮すべき問題がふくまれている。そのゆくえは、人口が安定する第四段階を予定調和的に約束しているとはいえず、社会の主体であるはずの人間自体の再生産が維持できない危機をも示しているのではないか。

資本主義のもとでも、家族の大きさは入手しうる生活手段の量に反比例する、と当時のイギリスの状況により、マルクスが「資本主義社会の法則」と述べていた事態も、資本主義の発展をつうじて変化しうるところであった。現代の先進国に生じている人口減少は、多くの働く人びとにとって、経済生活が安楽になったために生じていることではない。むしろ現代の資本主義のもとで、多くの働く人びとにとって、結婚や子育てを楽しめないような労働条件、生活環境のきびしさ、新たな貧困問題をともなう生活の不安定と将来不安に由来するところが大きい。それはまた、大きくみると、共同体的な社会関係を、個人主義的市場経済に解体させる資本主義の発展が、その一環として地域社会の相互扶助も家族関係をも分解してゆき、大家族から核家族へ、さらに核家族の形成も維持も容易でない個人主義的な職場や生活様式を、現代社会に拡大して、市場経済化の深化に成功をおさめてきた裏面で、結果的に少子化が深刻化しているのであって、資本主義の成功がもたらした社会経済的な危機ともいえる。

新自由主義のもとで国家が、子育て、教育、医療への公的サービスを削減し、その個人負担を増加させ続けてきたことは、かつては家族が担っていたケアのしくみや機能が大きく損なわれ、失われる一方で、ワーキングプアや下流老人や孤独死といった新たな社会問題を深刻化しつつ、他方で少子化、高齢化の傾向を促進する結果を招いている。しかも、新自由主義のもとでの非正規雇用の弾力的で多様な拡大は、安定的で十分な生活手段の保障には程遠い雇用条件を、多くの働く人びとに広げ、その意味で不完全雇用としての（マルクスのいう）相対的過剰人口の慢性的な存続を、少子化、人口減少の時代にも深刻な社会問題とし、それによってさらに少子化を深刻化してゆくにちがいない。

こうしてみると、どの特殊な歴史社会にも、それぞれに特殊な歴史的に妥当する人口法則があるとして、人口問題も歴史的な社会的現象として解明しようとしたマルクスの接近方法は、資本主義の歴史的発展、変化にともなう現代の人口問題の検討にも念頭におき、適用されてよい発想であったといえよう。

3　景気循環と恐慌

（1）典型的景気循環と恐慌　資本主義は、資本の価値増殖運動を動因として、生産方法を革新して生産性をくりかえし高め、その過程で社会的な人口の動態とその過不足の交替を生じてきた。それらのダイナミズムは、さらに資本主義社会に特有な景気循環と恐慌の反復をつうじて総合的に展開されている。その展開の様相も資本主義の歴史的な発展をつうじて、変容してきている。

資本主義の発生期に、市場経済が西欧社会に拡大し浸透するなかで、信用取引も弾力的に利用されるようになると、すでに信用取引の拡大による投機的バブルとその崩壊が、支払い不能の連鎖を急激に広げる恐慌現象をもたらす事例が生じていた。それは、資本主義的市場経済が、その発生以来、貨幣・金融の弾力的拡張の可能性とともに、そのしくみに内在する不安定な自己破壊をもたらしやすい特性を有していることを告げている。

たとえば、一六三七年のオランダに生じたチューリップ恐慌では、チューリップ球根の投機的取引ブームに多くの庶民も巻き込まれ、そのブームの崩壊にともなう支払い不能の連鎖が、広範な打撃を与えた。一七二〇年には、フランスでロー・システム、イギリスでサウスシー・バブルズといわれた株式のバブル的な投機取引の崩壊が、五月と六月に連動して金融恐慌を生じさせ、ともに巨大な経済的災厄を広げた。

その数年前から、フランスではスコットランド出身の金融家ジョン・ローの提案にしたがい、アメリカ大陸のフランス領ルイジアナのミシシッピ開発を請け負い、東インド会社も統合したミシシッピ会社の株式の購入に、大規模に累積していた国債での払い込みを認めた。と同時に、紙幣の発行権を認めた銀行も設立して、その株式を買いあおり、その値上がりが投機的ブームを生じていた。イギリスでは、中南米との独占的貿易権を与えられたサウスシー会社の株式購入に国債での払い込みを認め、その株価を買いあおる操作がおこなわれた。それにつれて、かならずしも実現の見込みのない事業計画にまで株式を発行して資金を集める、株式会社設立ブームがバブル景気を生じさせた。パリとロンドンで同様に進行していた、国債軽減のための金融操作を重要な要因とする株式市場の投機的バブルが、連動して崩壊し、重商主義段階における代表的な大恐慌を生じたのである。

しかし、この段階の資本主義市場経済のブームとその崩壊は、特殊な商品や株式の投機的取引が、金融を介して膨張して崩壊する災厄として生じたが、産業的資本蓄積にもとづく法則的な事象をなしていたとはいえない。むしろ重商主義的戦争やそのために累積していた財政上の国債軽減のための操作が、この段階での代表的で顕著な恐慌発生の重要な契機をなしていたのであった。

これにたいし、産業革命を経て確立された資本主義の成長期になると、イギリス産業資本の自立的発展にとって、重商主義的戦争や保護政策は不要とされ、自由貿易が採用されていった。それとともに、一九世紀には一八二五年、三六年、四七年、五七年、六六年とほぼ一〇年の周期をもって恐慌が生じ、その前後にほぼ同様の経過をたどる好況と不況が交替する古典的景気循環が、法則的にくりかえされるようになった。それゆえこの時代には、資本主義が、社会的規模で生産過程を商品による商品の生産として組織するしくみに、予定調和は保障されていないのであって、むしろ法則的に自己崩壊する矛盾が内在していることが端的に露呈されていた。

ついで、資本主義が爛熟期に入り、固定資本が巨大化する重化学工業や鉄道建設などが主導的役割を演ずるようになると、景気循環の様相は複雑化し、変容する。一方で、一八七三〜九六年、一九三〇年代、さらには一九七三年以降のような大不況が、その内部により短期的な景気の回復と後退を何度かふくみこんで、いわゆる景気循環の長期波動の重要性を示すようになる。資本主義の内的矛盾は、周期的恐慌より、むしろそのような長期波動の下降過程の大不況の進行や、そこから生ずる政治経済上の国際的・国内的な軋轢に転化し展開される傾向を生ずる。他方で、より短期の景気の交替にさいしては、恐慌がかならずしも激発性を示さなくなり、その周期性も乱されることにもなる。

そこで、かりに資本主義の発生期から現代にいたる景気循環と恐慌の全過程をいっきに考察の基礎として理論化しようとすると、さまざまな景気と恐慌の原因となる要因を可能性として分類整理するにとどめるか、あるいは市場経済には需給の不一致をもたらさざるをえない傾向があることを、ごく抽象的に一般化して述べるにとどめるか。いずれにしても、資本主義の内的矛盾の展開として景気循環と恐慌の必然性を原理的に論証することは困難となるにちがいない。

そこで次項では、一九世紀中葉に法則的に反復されていた典型的な景気循環と恐慌を考察の基礎として、資本主義に内在する矛盾の原理的展開として周期的景気循環の原理を、『資本論』とそれにもとづく宇野弘蔵の『恐慌論』（1953）によりつつ要約してみておこう。

（2）景気循環と周期的恐慌の原理

典型的な景気循環は、好況、恐慌、不況の三局面からなっている。

そのうち、好況は、価値の自己増殖を動因とする資本の蓄積が積極的にすすめられる局面をなしている。資本主義が市場経済により生産を拡大してゆく発展性を示す過程といえる。それぞれの資本は、ほぼ順調に剰余価値を利潤として獲得し、成長し続けるかぎり、既存の固定資本をなす主要な機械設備は維持しつつ、それへの追加もふくめ、資本はもっぱら量的拡大を基調として蓄積をすすめる傾向が強い。それゆえ好況期には、資本蓄積は労働雇用の拡大をともなって進行する。

そのような労働雇用の増加に吸収可能な相対的過剰人口が（失業者や不完全就労者などの形態で）存在するかぎり、資本は労賃上昇の圧力をあまりうけずに、ほぼ一定の剰余価値率に示される労働者との安定的な生産関係のもとで、生産力を量的に増大してゆくことができる。そのかぎりでまた、資本は商品生産物についても比較的に安定的な価値関係を維持し、それぞれの商品生産物についての需給の無政府的な不一致はさけられないにせよ、資本の再生産の拡大過程で、その過不足の調整も資本の利潤率をめぐる競争をつうじ、比較的円滑におこないやすい。したがって、商品生産物の需給の不一致をめぐる市場価格の変動も、それらの生産価格をめぐって、あまり大きな乖離をもたらさず、小幅な範囲にとどめられやすい。

それゆえ、基本的には、好況はいわゆる数量景気の特徴を示す。その局面では、資本の再生産の拡大を促進する信用制度の機能も積極的に発揮される。現実資本の利潤率が、既存の支配的生産技術の体系と、労働力の価値の実質的内容とに規定されつつ、順調な蓄積を可能とする水準を維持する。それにくらべ、銀行が仲介する貸付資本の利子率は相対的に低位に推移する。というのは、貸付資本の需給につぎのような特徴が持続するためである。すなわち、一方で、現実資本の回転のなかから蓄積準備金、固定資本の償却基金、価格変動などにそなえる準備金などの遊休資金が豊富に形成されて、銀行に預金として集められる。さらに銀行が手形の割引などで貸し付けた資金の返済還流も順調で、銀行の貸付資本の供給を容易としている。他方で、企業間の取引に用いられる商業信用が、銀行信用から相対的に独立して弾力的に拡大され、それを媒介する商業手形が長い連鎖を描いて信用貨幣として流通する傾向も強く、銀行への手形割引などの資金需要が抑制される。

好況局面は、こうしてその基礎的条件をなす相対的過剰人口の余裕が存続するかぎり、比較的に安定した労働力と労働生産物の価値関係、およびそれらに規定される一般的な利潤率、さらに利潤率にくらべ低い利子率を特徴的に維持しつつ、現実資本の円滑な蓄積と生産の流動的な拡大を続けることになる。しかし、そのような好況の進行は、雇用の継続的拡大をつうじ、やがて容易に動員可能な相対的過剰人口の余裕をせばめてゆく。その結果、労働人口の供給余力にたいし資本が過剰な蓄積をすすめて、労働市場が逼迫すると好況は末期をむかえる。

好況末期には、労働市場の需要が供給余力を上回り、労賃が上昇する。労働生産物と異なり、労働力は資本の生産物ではない。その価格としての労賃が上昇しても、資本は、その生産拡大をつうじて、労働力（商品）の供給を増加することはできない。そのため、労賃が上昇して利潤が圧縮され、利潤率が低落するこの局面は、資本蓄積の進行にとって、対処しにくい困難をもたらす。競争関係にある多くの資本は、利潤率が低下しても、一部の資本を遊休させたり、蓄積を停止するなりしても、その困難を緩和しにくい。むしろ、利潤率の低下にもかかわらず、利潤をなるべく減らさないよう、資本の蓄積と生産の拡大を競って継続しやすい。その傾向は、社会全体としては資本量の追加的蓄積が、もはや剰余価値量の増加をもたらさない、（マルクスのいう）資本の絶対的過剰生産の状態をもたらしうるし、その状態をこえても競争的蓄積を進行させうる。

とはいえ、好況末期の資本蓄積の進行は、同時に、つぎのようなあい関連する二面からその継続を不可能にしてゆく。

すなわち一方で、商品生産物の価格に、労賃上昇の影響が需給の両面から不均等におよんでゆく。労働集約的な産業の生産物は、コストの上昇から価格が押し上げられてゆき、労賃上昇で需要が増大する消費手段やその原料などで、供給増加の即応がしにくい農産物などの生産物も価格が引き上げられてゆく。それにともない、それらの商品には、投機的取引や在庫形成がすすめられ、そのため商業信用と銀行信用への需要も大幅に拡大してゆく。投機的取引の拡大につれて、産業間や個別資本間の利潤率に示される不均等、不均衡も拡大してゆく。

他方で、信用機構にも変調が生ずる。労賃の上昇と利潤率の低下につれて、産業資本の回転から生ずる蓄積準備金や価格変動準備金のような遊休資金の形成と、銀行などへの供給が停滞し減少する。と同時に、投機的取引や在庫形成のための資金需要は増大してゆく。手元の余裕資金が乏しくなる資本のあいだでは、商業手形の流通も長い連鎖を形成しにくく、商業信用の相対的な独立性も失われて、銀行信用への手形割引需要が急増する。そのため貨幣市場は逼迫し、好況中期まで相対的に低位にあった利子率が、利潤率が低落する好況末期に逆に上昇してゆき、産業資本の過剰蓄積の困難が、貸付資本の不足を招き、それを介し資本の蓄積にも投機的取引にも破壊的打撃を与え、景気局面を急性的恐慌に転換することになる。

典型的な周期的恐慌の発端は、通常、卸売り商業にたずさわる商業資本の大規模な投機的取引の崩壊によって与えられていた。好況末期に生ずる利子率の上昇は、一般に信用取引に大きく依存している資本蓄積にとって、利潤率の低落と衝突する危機をもたらし、個別資本としても追加的投資のあげうる利潤率が利子率以下となれば、蓄積をすすめる意味は失われることになる。ことに大規模な投機的在庫を抱えている資本にとっては、在庫商品の年間の値上がりの見込みが、蓄積の停滞化により不確かになり、上昇する利子率にくらべて下回るなら、信用に依存して、その在庫を抱え続けることは損失を招くおそれが大きくなる。そこで大規模な商取引にたずさわっている商業資本が、負債を返済するために在庫商品を市場に放出すると、投機的につり上げられていたその価格が崩落し、同様の商品の投機的取引をすすめていたその他の資本にも深刻な打撃を広げてゆく。

とくに一定の価格関係を予定してとりむすばれていた信用関係の基礎が崩されて、投機取引の対象となっていた商品から、そのための債務返済の資金の確保にむけて、商品が投げ売りされ、価格が崩落し、それがまた支払い不能の連鎖を広げる。商品市場と信用制度との相互媒介的な崩壊が進行して、信用機構が麻痺し、銀行の支払い準備の確保も著しく困難となる。倒産する企業も数を増し、銀行にも取り付けや倒産の危険が広がり、支払い手段としての資金需要が増大しながら、それに応じて貸し付けることにはリスクが高まり、資金供給はきびしく制限されざるをえない。そのため、利潤率がマイナスにさえ転落する恐慌期に、逆に利子率は景気循環の全過程のなかで最高水準に高騰する。

こうして現実資本の過剰蓄積の困難は、貨幣市場における貨幣資本の絶対的な不足と、それを介して生ずる商品市場における商品の過剰化に展開され、それによって再生産も縮小をせまられる。そこに商業恐慌、信用恐慌、産業恐慌が三位一体となって進行する典型的恐慌の特徴があらわれる。それにともない労働者は大量に解雇されて、相対的過剰人口が失業や半失業の形で再形成され、好況末期に一時、賃金が上昇して経済生活の改善をみた労働者の経済状態も反落する。労働者の消費需要が縮小して、いわゆる過少消費説が強調する商品生産物の販売の困難が、資本主義の内的矛盾のひとつのあらわれとして全般化する。

労働力の商品化を基本前提として、資本がその価値の自己増殖運動をすすめる自律的過程は、こうしてその内部の生産力の増大をつうじて、資本価値とその生産関係とを破壊する恐慌局面を生ずる。それは、資本主義が古典派や新古典派経済学の理解に反し、自然的で調和的な合理的秩序ではなく、労働力の商品化にもとづく自己矛盾をふくむ特殊な歴史社会をなしていることを明示するところといえよう。

とはいえ、恐慌はすべての資本の価値を一様に破壊して、資本主義を自動崩壊させることにはならない。好況末期の発展が、投機的な不均等性を特徴としていたのに対応し、恐慌による資本の価値破壊も信用の清算過程で著しく不均等な打撃を広げる。そのため、自己資本の価値をはるかにこえる負債を負って倒産する資本も生ずる半面、全面的な破壊をまぬがれる資本も残される。それらの生き残った資本から、比較的短期の商業信用にもとづく信用取引の清算の嵐がすぎされば、恐慌の急性的深化は沈静し、不況局面に景気は移行する。

不況期には、恐慌による資本の生産と雇用の大幅な収縮をうけて、労働者は資本にとって相対的過剰人口となる比率を増している。労働力の商品化の無理は、この局面では、相対的に過剰化した労働力の供給が、資本の生産活動の収縮により調整されずに、労働者の経済生活を圧迫する雇用の不足、不安定化、賃金の競争的下方圧力などに転化される。労働者の多くにとって、市場経済社会における自由は、無政府的な競争のなかでの就業機会の運、不運、全般的な賃金の低下や低迷による不平等な経済生活の抑圧と不可分であることが実感されざるをえない。

労働者の経済生活に加えられるきびしい抑圧は、社会的有効需要の大きな部分を占める消費需要の低迷をもたらし、資本の価値増殖にも反作用をおよぼす。ことに好況期からもちこされた生産設備としての固定資本の多くが、過剰な設備能力として遊休する比率が高くなりがちで、それが資本間の価格競争をきびしくし、利潤率の回復を困難とする。いわゆる労働者の過少消費、あるいは産業間の無政府的不均衡を、商品生産物の価値実現ないし、販売困難の基本原因とみなして、さかのぼって恐慌論の基礎とする発想は、マルクスの一面にもみられるところである。周期的恐慌の原理論としては、むしろその側面は、労働力の商品化にもとづく資本蓄積の内的矛盾の展開構造のうちに位置づけて、恐慌の発生過程や、この不況局面にみられる商品販売の困難の理論的意義を理解するうえで活かされてよいであろう。

こうして労働力の過剰化と、それにともなう消費需要の低迷をうけて、設備能力の過剰化が産業間の不均衡も調整しにくい状況の不況期には、信用制度も積極的に役立てられない。恐慌期の倒産の脅威をきりぬけた銀行には、再開された現実資本の回転にともなう遊休貨幣資本が、ふたたび貸し付け可能な資金として集められるようになるが、現実資本の蓄積と再生産の低迷を反映して、手形割引などでの資金需要はあまり伸びない。そのため、貨幣市場で貸し付け可能な貨幣資本は、相対的に過剰となり、利子率は全景気循環過程で、最も低い水準となる。にもかかわらず、低水準の利子率は、現実資本の利潤率の回復にも、再生産の積極的な拡大にも有効に機能しえない。生産能力としての産業資本・労働人口・貸し付け資本の過剰な三者が併存し続けるのが、不況局面の特徴となる。

その根底には、既存の固定資本が未償却であるかぎり、有望な生産方法や産業部門に現実資本がただちに移転しにくいという制約がある。とはいえ、既存の固定資本は、好況期とは異なり、もはや資本として十分な価値増殖を可能とするものではなくなり、その価値の回収と新投資への移転が資本にとって急がれる課題となる。ことにきびしい価格競争のもとで、特別剰余価値を獲得しうる新たな生産方法を導入して、生産コストを「合理化」することが収益性を回復するための競争上の死活問題となる。

そこで不況末期にかけて既存固定資本の償却につとめた資本が、固定設備の廃棄更新をすすめると、資本蓄積は、好況期の横への（widening な）量的拡大から、資本構成を高度化し雇用にあてる比率を減少させる縦への（deepening な）蓄積へ主要形態を転換する。その過程で資本は、産業部門間も自由に移動して、部門間の均衡も再調整し、それまで十分な収益をあげられなかった価格関係のもとでも利潤率を回復させるよう商品の価値関係を再建し、同時に剰余価値率に示される労働者との生産関係をも更新し、あわせて資本に利用可能な相対的過剰人口を追加的に再形成して、新たな好況への基礎をととのえる。すでに恐慌を経て労働者が相対的に過剰化し、そこに労働力の商品化の無理が示されている不況末期に、むしろ労働者をさらに過剰化するよう、概して雇用にあてる比率を低下させる資本構成高度化をともなう技術革新が、「合理化」投資としてすすめられるところに、資本主義のもとでの生産方法の発展の（労働者の経済生活の福祉からみて）転倒したダイナミズムの特殊な歴史性があらわれている。

こうした典型的な景気循環は、好況が恐慌をもたらし、恐慌が不況を必然化し、ついで不況がつぎの好況を準備する周期的な三局面の法則的な交替の反復過程をなしている。その循環過程において、人間の労働能力を商品としてあつかう困難に由来する資本主義の内的矛盾が、資本の競争と信用を介し、急性的で全面的な恐慌に露呈され、不況期の問題に転換されつつ、現実的に解決されてゆく。しかし、その解決は根本的な矛盾の除去ではなく、したがってまた、原理的には同じ矛盾が同様の景気循環としてくりかえし資本主義の自己破壊をくりかえす作用をもたらす。

その循環的な反復の周期は、主要な産業における不況末期の固定資本の廃棄更新が新たな好況への転換の契機となることから、主要な産業の固定資本の平均的寿命に規定されていたとみてよい。自由主義段階の古典的な景気循環がほぼ一〇年の周期でくりかえされていたのは、マルクスも指摘しているように、綿工業に代表される当時の主要産業の固定資本の生命循環に対応していたといえよう。マルクスはまた、この法則的景気循環の反復を、ひとたび一定の運動に投げ入れられれば、たえずそれをくりかえす天体運動に比していた。しかしこの比喩は、景気循環の歴史性を軽視するゆきすぎをふくんでいる。その後の資本主義の発展にともない生じている景気循環の変容の基礎となる要点をつぎにみておこう。

（3）景気循環の変容と長期波動　典型的な景気循環は、その周期性の基礎をなしていた固定資本が大規模化し、資本蓄積の重心が巨大な固定資本を要する重化学工業に移行すると、いくつかの面から変容せざるをえない。

まず、鉄道や製鋼業のような巨大な固定資本の建設には、多くの場合、株式会社の形態で、株式の発行により共同出資の範囲を拡大し、社会的資金を動員するしくみが求められる。商業信用にもとづく銀行信用による比較的短期の貨幣市場とあわせて、巨大産業会社の株式を資本の商品化形態として売買する資本市場が、金融制度のうえで顕著に重要性を高める。資本市場での株式証券の発行や取引には、異なる産業における各産業企業の長期、短期の利潤率の見込み、その利潤の配当と株価を比較した利回りの貨幣市場での利子率との比較をふくめての判断などをめぐり、利子率の変化の方向も織り込んだ予想や期待が投機性を多分にともなうことがさけられない。金融システムは、一八世紀初期の重商主義的な恐慌にみられたような株式の投機的バブルとその崩壊を、巨大産業株式会社の成長を基礎としながら、資本主義に特有な投機的不安定性と、それにもとづく自壊作用として再現する傾向も示すにいたる。

それとともに、巨大な固定資本による生産能力の建設には、しばしば一年や二年は必要とされ、そのいわゆる懐妊期間（gestation period）には、継続的に巨額の資本と多数の労働雇用を要する。ひとたび完成されると、その設備は、当該産業の生産能力にかなりの部分を追加するとともに、多年にわたり操業して巨額の投資を償却しながら収益をあげなければならない。したがって、その設備投資には、当該産業への需要の伸びについての先行的な思惑がともなう。しかもそのような投機的思惑は、無政府的な個別企業のあいだの競合関係のなかでは、市場でのシェアを落とさず、好況期には、できれば拡大したい方向に同調して増幅されやすい。ことに製鋼業のような資本財産業では、設備投資の懐妊期間中は、製品の供給追加効果は生じないまま、需要増大の効果は先行して拡大するので、いっそう投機的ブームを助長しやすい。

そのような設備投資ブームは資本市場での投機的取引にも反映されて、産業的投資と金融市場との相互の活況が促進される。こうして巨大固定資本の設備投資にみちびかれる好況は、産業活動や金融取引の面でも、投機的で不均等な結果をもたらしやすい不安定性を大きく内在させる性質をふくむこととなる。

好況の性格変化に応じ、不況への転換点の性格も変化する。好況期の資本蓄積が、投機的な不均等性をともないつつ、雇用は増加してゆくので、労働人口の供給制約にたいし、現実資本の蓄積が全般的に過剰化する可能性も残されている。とはいえ、不均等な投機的発展が、株式市場などの金融バブルの膨張と崩壊から、経済的な打撃をうけて、実体経済に不況をもたらす、重商主義的恐慌に似た自壊作用が好況を終わらせる場合も生じうる。さらに、そのような不均等で投機性をともなう設備投資の競合的ブームが、いくつかの重要産業の供給過剰化をもたらして、投機的に期待されていた収益があがらないか、予想に反し反落する結果、金融恐慌が生ずることもおこりうる。ことに資本財産業での設備投資が、懐妊期間の後に供給追加の効果が顕著に生じて、先行していた需要拡大効果による思惑を崩壊させるショックを生じやすい。

こうして、労働力の商品化に資本主義的生産の内的矛盾の根源がおかれながら、労働力（商品）をより効率的に利用するための生産設備の規模が巨大化するにつれて、景気循環が、設備投資やそれを支える金融市場での投機的な動態に大きく左右される傾向を強めるにいたる。資本の有機的構成が高度化して、投資額に比して労働雇用にあてられる可変資本の部分が抑制される作用も見逃せない。そこで、労働力の商品化の無理が、典型的な景気循環における好況末期に生じていたような、労働力（商品）の供給制約による資本の過剰蓄積と、それにともなう労賃の急騰、利潤の圧縮の危機をもたらさないまま、投機的好況のブームが、設備投資とくに懐妊期間後の供給能力の増大に需要の伸びが追いつかなくなり、投機的期待が裏切られたり、その過程で株式市場でのバブル的ブームが反落することでも恐慌が生ずることになる。恐慌の発現形態も多様化されて、古典的な周期的恐慌の明確な規則的一様性、激発性、全面性は変容するにいたる。

それにともない、不況の性格も複雑化する。それにさきだって建設された巨大な固定資本が不況期にもちこされ、（懐妊期間を経て好況末期や不況期にずれこんで完成されるものとあわせて）過剰な設備能力が容易に廃棄、更新されないまま、市場での供給圧力を長期にわたり存続させて、利潤率の回復を困難とする傾向が顕著となる。典型的な景気循環における不況期の特徴的な困難の多くが、大規模に長期にわたり存続しやすい。労働力の商品化の無理が、雇用・失業問題を生じさせ、産業予備軍の多くをかかえる中小企業や農業経営にも構造化されたデフレの重圧を加え、デフレスパイラルも生じやすい。不況基調が長期化して、景気循環が通常ほぼ五〇年を周期とするとされる長期波動を描く変容も示す。

長期波動は、最初にその存在に注目した理論家のひとりの名をとってコンドラチエフ循環とよばれる。J・A・シュンペーター（1939）によれば、その内部にほぼ四〇ヵ月の在庫循環としてのキチン循環や、ほぼ一〇年周期のジュグラー循環をふくむ。もっともシュンペーターが定式化しているように、資本主義の発展全体にこうした複合的な長期波動を検出できるかどうかには、疑問の余地も大いにある。

とはいえ、一九世紀末の一八七三〜九六年の大不況以降、それ以前の典型的な景気循環が変容して、資本主義の内的矛盾の発現が周期的恐慌から、複合的な長期不況の重圧に変化したことは注目に値する。その構造的不況の重圧による社会・経済的な問題の解決を求められ、資本主義の発展は帝国主義に経済政策の基調を変化させ、やがて第一次世界大戦の惨禍を生ずる。同時に、それを契機にロシア革命も実現される。ついで、その大戦の打撃と戦後処理が資本主義世界に残したひずみから、アメリカを中心とする戦後ブームを経て、一九二九年一〇月以降の大恐慌にはじまる大不況が進行する。そのなかで大不況の影響をうけずに社会主義経済の建設をすすめているかにみえた、ソ連の威信が高められる。それとともに、それに対抗する資本主義世界の経済回復への試みが、ニューディールとファシズムの二類型に分かれて進展する。第二次世界大戦は、この二類型の対立にソ連もやがて参加して、より大規模な惨禍をもたらした。

資本主義の自律的ダイナミズムは、景気循環とその変容に総括的に集約されるところである。しかし、そこに示される資本主義の内在的矛盾とその発現、および現実的な解決のしくみには、自然的な天体の運行とは異なる歴史性があり、発展変化がふくまれている。とくに典型的な景気循環の変容にともなう不況基調の長期化は、資本主義の自律的蓄積の内部から発生しながら、その解決をめぐり、国家による政策の変化が求められ、やがて二度にわたる世界戦争による自己破壊的な打撃をもたらしたことに重ねて注意しておきたい。

第二次世界大戦後の資本主義の高度成長を経て、一九七三年以降の資本主義世界は、先進国をつうじ、三度目の大不況にあたると思われる長期停滞基調に悩まされている。なぜこうなるのか。そこから安心のゆく脱出口はどこにあるのか。資本主義のしくみとその運行のダイナミズムの現代的展開に、考察をすすめる準備を、次章でもととのえたい。

第3章
資本主義の発展段階

資本主義は世界史的にいつどのように発生し、確立され、発展・成熟してきたか。前二章でみた資本主義のしくみと動態の歴史的特性の原理とあわせ、資本主義の世界史的な発展段階の概略を学ぶことは、資本主義とはなにかを理解するうえで欠かせないところであろう。

資本主義の世界史的過程で、市場経済のしくみが中世までとは異なり、いかに世界市場と世界商業が世界史の統合的基礎として創出され、発展してきたか。その先進的中枢国に、どのようにして労働力の商品化と、それにもとづく資本の生産関係が全面的な市場経済社会を形成・確立し、展開してきたか。その経緯が支配的な資本とその基礎をなす主導的産業の役割の変化にそくして考察されなければならない。それによって、資本主義の世界史的な発展に国家がいかなる役割を演じてきたかも理解しやすくなる。ことに第一次世界大戦までの資本主義の発生期、確立期、成熟期としての各発展段階に、主要国の国家政策の基調が、重商主義、自由主義、帝国主義として特徴づけられる変転を生じてきた世界史的な意義も体系的に読み解かれることとなる。

こうした資本主義の世界史的な発展段階の考察は、現代の世界と日本の資本主義の解明のために、資本主義のしくみと動態の原理とあわせ、不可欠な考察基準をととのえるところにもなる。

1　資本主義と近代国民国家の発生

（1）世界市場と商人資本の役割　一四九二年のコロンブスによるアメリカ大陸発見と、一四九八年のヴァスコ・ダ・ガマによる喜望峰を回るインド航路の発見は、西ヨーロッパ諸国を中心に、資本主義が近代世界システムとして、世界市場を統合しつつ、発生する重要な画期を与えた。というのは、中世までイスラム商人が担っていた、中東と地中海沿岸を経由するユーラシア大陸の交易ルートを、ヨーロッパの商人が迂回して突破し、新大陸と東洋と西欧とを結ぶ三角貿易におきかえて、世界商業を形成し拡大する担い手となっていったからである。

中世までの世界史は、それぞれの大陸における地域社会を有機的に統合する歴史を形成していたとはいえない。ユーラシア大陸のなかでも西洋史と東洋史とは、交流があるにせよ、統合された世界史をなしていたとはいいにくい。むろん、古代以来、地域社会や国家を世界システムとして統合しようとする試みはくりかえされてきた。その試みは、武力による共同体的社会や国家の帝国としての征服と統治の拡大の形態をとっていた。

ローマ帝国やモンゴル帝国のような地域社会・国家をこえる世界システムとしての帝国

は、広大な版図を形成し、その内部における統治の秩序を制度的にととのえた。そのさい、共同体的社会のあいだの交易関係から発生していた商品経済のしくみは、その主要な担い手としての商人資本の交易による利殖活動をふくめ、帝国内部の社会のあいだにも用いられ、ある程度、重要な役割を果たしていた。

とはいえ、帝国内部の世界システム統合の基本をなしていた社会の武力や権力による支配にたいし、商品の交易関係は副次的で補完的な役割を果たすにとどまっていた。それはまた、帝国内部の社会・経済生活が共同体的に組織され、商品経済がその基本とはなりえなかったことにも対応している。そのかぎりで、共同体的諸社会を世界システムとして統合する帝国の秩序は、版図をいかに拡張しても、グローバルな統合性は実現しえなかった。

これにたいし、一六世紀にはじまる世界市場の拡大を発端とする資本主義的市場経済の発展は、それにさきだつ世界システムとしての帝国の秩序とは異なり、文字どおりグローバルな規模で、世界市場をつうじて、あらゆる国々の生産と消費をコスモポリタン（超国家的）なものとしてきた。それにともない、遠方で産出される原料を加工する生産物が世界のあらゆる地域に商品として送られ消費されるしくみが拡大される。精神活動や文化も世界的な共有性を強め、マルクスとエンゲルス（1848）が指摘しているように、「多くの民族文学や地方文学から世界文学が形成される」。それぞれの大陸におけるあらゆる国家社会の歩みが、資本主義市場経済の発展に遅かれ早かれ、異なる様相や位相をともないつつ組み込まれ、統合された世界史がくりひろげられてきた。

先進的西欧諸国の社会から、そのような近代世界システムとしての資本主義市場経済のしくみが世界市場と世界商業として推進されるとともに、中世までの共同体的社会の秩序が解体されて、徹底した商品経済社会が、資本主義社会として形成され、拡大されてきた。たとえばウォーラーステイン（1995）のいう近代世界システムとしての資本主義が、帝国としての古代以来の世界システムと異なる特性は、こうしたいくつかの側面から、資本主義とはなにかを理解するうえでも重要であろう。

一六世紀にはじまり一八世紀にいたる資本主義の発生期には、地理上の発見に続き、ポルトガル、スペイン、オランダ、フランス、イギリスなどの西欧諸国が、イスラム世界を迂回する世界商業の覇権を競い合い、重商主義的戦争をくりかえしつつ、つぎのような構造の三角貿易を推進していた。すなわち、まず西欧諸国で勃興しつつあった羊毛工業を基盤に、毛織物を新大陸に運んで、そこで産出される大量の金銀と交易する。ついで、その金銀をインド、中国などの東洋諸国に運び、そこでの特産物であった絹、胡椒《コショウ》、茶などの購入に世界貨幣として用いる。最後に、それらオリエントの産物を西欧諸国に運びかえり、販売して、大規模な世界商業の一連の航海による、それぞれの商品売買での商人資本的な利潤をあげる。

この三角貿易に付随して、アフリカの各地域で大量の黒人を奴隷として略奪的に購入して、奴隷船で運び、新大陸の鉱山やプランテーション（安価な先住民や奴隷による植民地大農場）などに販売する人身売買も推進されていた。それによって働き盛りの若者を大量に奪われたアフリカ社会が、長らく「暗黒大陸」として低開発性に悩まされる悲劇の発端も生じた。

（2）羊毛工業の興隆と労働力商品の創出

一六世紀以降、先進的西欧諸国の世界市場での大規模な商業活動が、西欧、新大陸、アジアを結ぶ交易を競って拡大する過程で、その基礎をなしていたのは、銃砲をそなえた帆船の大型化、高速化とあわせて、羊毛工業の興隆であった。それにともなう毛織物が、新大陸に輸出されて、その代価として金銀で東洋の特産物を購入し、西欧に輸入する交易関係の拡大を支えるキープロダクトの役割を担っていたからである。

羊毛工業の興隆には、原料としての羊毛の増産が欠かせない。そのために羊毛の需要がその価格の上昇をともない急増してゆき、「羊の足は砂を化して金にする」といわれ、牧羊場が有利な農場となり、増設されていった。一六世紀にはイギリスでも、海外のフランドルや国内の羊毛工業の興隆にうながされて、牧羊場の増設があいついで進展していった。それにさきだち、農業が圧倒的に重要産業であった中世までは、領主に身分的に支配されながら、農民の多くは、農村共同体のなかで家族的な世襲の耕地と共同地にたいする使用権を生活基盤として保障されていた。そうした農民から、耕地や共同地を権力的にしばしば暴力的に収奪して、領主などの貴族的土地所有者が、土地を私有財産化し、牧羊場として石垣を組んで囲い込み、富裕な農民や商人などに貸し付けて、地代収入を獲得する動きが社会的に広がっていった。いわゆるエンクロージャー・ムーヴメント（囲い込み運動）である。いまでもロンドンから出発する列車で郊外に出て、一時間もすると、各地にその低い石垣が車窓から眺められる。

エンクロージャー運動は、一八世紀にも近代化された農場経営への「合理化」を求めて、第二波がくりかえされる。一六世紀の第一波とあわせ、農民からの耕地の収奪をすすめたこの運動は、やがて資本主義の先進的典型国となるイギリスにおいて、資本主義の前提となる労働力の商品化を社会的規模で実現する重要な契機となった。というのは、それまでの主要な生産手段をなしていた耕地を収奪された多数の農民は、封建領主のもとでの身分的支配からも解放されて、身分的に自由であると同時に、みずからの労働能力を発揮するために必要な生産手段をもちえないという意味で、マルクスのいう「二重の意味で自由な」無産の労働者に転化され、生産手段を有する資本家ないし資本主義企業に労働力を商品として販売し、賃金をえて生活する、賃金労働者にならざるをえなかったからである。

資本主義は、労働力を社会的規模で商品化し、商品による商品の生産を社会・経済秩序の基本として、商品経済社会を形成してゆく。その根本的な前提は、資本主義に先行する共同体的社会において、複雑で重層的な権利関係のもとで、社会的に管理され利用されていた土地の私有財産化をすすめることにあった。

典型的には、イギリスで進展したエンクロージャー運動をつうじ、農民の耕地使用の権利を収奪して、より高い地代収入をあげる牧羊場や借地農場経営者に利用させる私有財産に転化する過程は、世界市場の形成、発展にともなう商品経済的な利殖の追求が、社会内部に変革をおよぼし浸透してゆく作用を示していた。

その作用をうけて、一七世紀後半にもイングランドの総人口の四分の三を占めていた農村部に、市場向けの借地農が、競争的に生産性をあげて、(平均的利潤をこえる)超過利潤を地代として支払うように近代化された、いわゆる農業資本主義が広く展開されるにいたる。それが、世界市場の形成を推進した商人資本の貨幣財産の蓄積、その基礎とした羊毛工業の興隆とあいまって、資本主義の発生に欠かせない、社会・経済的な変化をなしていた。とはいえ、資本主義の起源として、この農業資本主義の役割を強調するエレン・M・

ウッド（1999, 邦訳一三七ページ）も認めているように、競争的な市場向けの借地農も、雇用労働を用いず家族的小農経営にとどまるものを広く存続させていた。そこでは雇用労働は、古くからみられたような季節的繁忙期の補足として用いられるものが多く、生計を完全に賃金に依存するような労働者は、一七世紀のイングランドではまだ少数派であった。実際、季節的繁閑をくりかえす農業部門は、その後の資本主義の発展のもとでも、概して家族的小農経営にゆだねる傾向を現代にいたるまで支配的とする産業をなしてきている。

とはいえ、いわゆる農業資本主義としての農業部門の市場向け借地農の生産性向上が、増大する都市人口に必要な食料や農産物原料を供給面で支え続ける役割を果たし、都市と農村とをつなぐ国内市場の拡大に不可欠な前提のひとつともなっていた。そのことは、アダム・スミス（1776, 第三編第一章）も強調していた。戦後の日本の復興から高度成長の過程でも、中国をはじめとするアジア各国の近年の工業化の過程でも、多かれ少なかれ、その論理は妥当しているといえよう。

資本主義は、中世までの農家ないし農村での生産活動の一環をなしていた農産物や天然資源の加工過程を、まず羊毛工業にはじまる衣料生産の工程から、しだいに都市部での第二次産業としての工業の役割に分離してゆき、社会的分業としての農工分離を空間的な農村と都市の市場関係の拡大として推進する。それとともに、その過程で、資本と賃金労働との生産関係は、おもに都市部の第二次産業としての工業や、その発展にともなう第三次産業としての運輸、商業、金融などの発展において拡大してきた。

こうした発生期の資本主義の工業的発展を代表していた羊毛工業は、なお手工業段階にとどまっていた。中世までの農村の家内手工業や職人の作業場にくらべ、世界市場向けの毛織物の大量生産が、都市部で、かなり大規模な工場制手工業（マニュファクチュア）を形成していった。そこでは、資本のもとで生計を完全に賃金に依存する労働者の雇用関係が社会的規模で拡大する。その意味で、マニュファクチュアは、この時期の資本主義的生産の代表的な形態をなしていた。

にもかかわらず、その発展は、手工業によっているかぎり、熟練労働に作業の秩序を依存せざるをえない。単純労働もその補助作業に組み合わせて使うにせよ、作業工程全体の速度や労働日の長さ、あるいは労働力の価値としての賃金に、熟練工への譲歩をよぎなくされ、資本は、労働力を単純で互換可能な商品として自由に購入し使用することは、まだ十分にはできない。その生産の拡大も制約をうけざるをえなかった。

こうした制約に呼応して、手工業段階の羊毛工業では、商人資本の問屋制前貸しによって原料や道具を供給され、製品の納入を組織される農村部などの家族的小経営も、マニュファクチュアと競合しつつ共存する傾向も広く残されていた。そのかぎりでは、当時の支配的な資本としての商人資本の蓄積のもとで、工業による産業資本の蓄積は、制約をうけ、なお自立的で自由な発展性を確立しえていなかったわけである。

(３) 近代国民国家の形成と重商主義政策

一六世紀にはじまり一八世紀にいたる資本主義の発生期は、西欧諸国における近代国民国家の形成過程ともなっていた。大規模な世界商業を担う商人資本の利殖活動の展開により、西欧諸国の社会では、市場経済の拡大により、中世までの農村共同体社会に基礎をおく封建領主の支配体制の解体をうながされる。弱体化された領主などの貴族的土地所有者階級と勃興する都市での商人的資本家階級との利害を調整しつつ、両者の均衡のうえに、絶対王政が強大な権力を集中させ、世界商業の覇権を他の国と競い合い、富国強兵を図り、近代国民国家を統合する役割を果たしてゆく。

中世における封建社会の支配者は、領主に代表され、農村共同体からの封建地代を典型的には物納や労役としてとりたてることに、その支配の基礎をおいていた。これにたいし、絶対王政の形態からはじまる近代国民国家の支配権は、市場経済の拡大にもとづき、租税をとりたてて、貨幣賃金で雇用する官僚と軍隊の維持拡大にあてることで支えられるようになる。そのため、近代以降の国民国家は租税国家として特徴づけられる。

関税や物品税などの歳入の八割から九割は、戦費か過去の戦争で生じた国債の償還にあてられていた（Albritton, 1991, 邦訳一五一ページ）。近代国家は、好戦国家として誕生したともいえる。その戦争の多くは、世界市場における商業覇権をめぐる、自国商人のための通商路、航路、植民地の確保・拡大に努める重商主義政策の重要な一面をなしていた。

発生期の資本主義の経済政策の基調は、当時の支配的資本をなしていた商人資本、とくにその貿易による利殖活動を、その産業的基礎とあわせて保護育成することを基本方針としていた。それによって、世界貨幣として商品世界の富を代表する金銀を、富国強兵の基礎として自国にひきよせることを重視していたのである。

その観点にたった重商主義政策は、一七世紀の中ごろまでは、イギリスでも王権神授説による絶対王政のもとで、裁量的で、未分化の畏怖的権力による直接的で個別的な政策を特徴としていた。たとえば商人やその組織する貿易会社にも、貨幣の対外支払いは、それによって成り立つ交易が、そのつど差益をともなって、より多額の貨幣をもたらすことを条件として認可する、いわゆる取引差額主義で管理していた。この時期にはまた、ロシア会社、レヴァント会社、東インド会社、アフリカ関連の各会社、ハドソン湾会社などが、それぞれの地域、植民地において、イギリスを代表する広範な政治的権力も与えられた特許貿易会社として設立されてゆき、王権と商人の利害を結合するしくみを形成していた。

国内的には王権がエンクロージャーを促進しつつ、その結果、都市に流れ込む無産者化した労働者に浮浪者取締法などによる過酷な立法のもとに、賃労働につくよう強制していた。救貧法も、貧者に劣悪な雇用条件で、その地域に定住するよう規制する機能を果たしていた。また、塩、スターチ、ガラスなど多数の商品の製造に特許を与えつつ、財政収入を確保しようとしていたが、それは事実上の高率消費税として作用し、製造業者にも、消費者にも有益でないとみなされ、一七世紀初めにかけて取り消されたものが多い。

一六四二～四九年のピューリタン革命、一六八八年の名誉革命がイギリスでの市民革命として生じた後には、絶対王政にかわる、議会による政府が後期重商主義の担い手となる。そのもとで、自由、平等、（私有財産権をふくむ）基本的人権が、商品経済にもとづく近代市民社会の理念として広く共有されるにいたる。

それにともない、通商政策の面でもトーマス・マン（1664）の主張するような、貿易差額主義が取引差額主義にかわる経済政策の基本とみなされるようになる。そこでは、貿易商人の役割をつうじ、年々の総括的貿易差額が輸出超過になれば、それにしたがい貨幣はその国に流入するはずであり、個別的な取引を国家が管理・規制する必要はないとされ、ある意味での商取引の自由化が推奨される。しかし同時に、そのような外国貿易の重商主義的保護、促進が、貿易差額の黒字幅を増して、世界貨幣としての金銀を自国にひきよせるうえでも、その基礎となる国内の工業の成長のためにも、多大の貢献を果たすことが強調されていた。

こうした貿易差額主義への転換は、イギリスの羊毛工業の成長にもとづく世界市場でのイギリス商人資本の競争力の強化をも反映していた。しかし、商業覇権も、その基礎となる産業の資本主義的生産としての未確立な手工業的な限界とあわせて、いくつかの面での国家による保護政策の支えを必要としていた。

たとえば一六五一年、六〇年の航海条例では、当時の競争国オランダに対抗するため、植民地との交易をイギリスの船舶に独占させ、さらにたばこ、砂糖、綿花などの重要な植民地産品を「列挙商品」と指定して、その輸出先をイギリス本土とその植民地に限定した。それはイギリスの海運業と商人に、対植民地貿易に関する独占的保護を与えるとともに、植民地産業を本国への従属的な地位におく、重商主義政策をなしていた。

一七世紀後半以降イギリスでは、フランスのコルベールによる重商主義がイギリスの毛織物に重関税を課したのに対抗しつつ、羊毛工業を保護育成する貿易政策が重視されるようになる。原料としての羊毛、羊の輸出や、さらには毛織物職人の海外移住を禁止し、競争品であったインドの綿製品も輸入を禁止する措置がとられている。一七〇三年のポルトガルとのメシュイン条約では、ワインを輸入して毛織物を輸出することのできる、フランスにかわる市場を確保する貿易政策が、フランスとの敵対的通商政策の半面として実現されている。

他方、穀物の輸出も重要性を増して、中世以来の食糧確保の立場は修正されて、すでに不作による穀物価格騰貴のないかぎり、その輸出は許可されていた。しかし、一六七〇年の穀物法（Corn Law）では、輸出を制限する穀物価格の規定を撤廃し、穀物輸入にたいする関税による制限を、例外的価格騰貴の場合をのぞいて、高関税をもって強化した。さらに一六八九年には、穀物価格の低落にさいして輸出奨励金を与える措置をとった。この穀物法の規定は、穀物の輸出を奨励し、その国内価格を保護する政策をなしている。

それは、なお資本家階級が、議会政治による経済政策の面でも、中世以来の貴族的土地所有者階級の利害を無視しえず、地代収入を安定増大させる穀物法を妥協的に容認せざるをえなかった側面を示している。しかし同時に、それは第二次エンクロージャー運動の近代的農場経営による借地農の生産性向上を誘い、容易にし、農民の賃金労働者への転化を促進した。さらに、都市と農村のあいだの国内市場を拡大しつつ、総合的な貿易収支の黒字化を、当時なお最重要産業であった農業面から実現しようとする意図においても、後期重商主義政策としての特性をもっていた。

2 資本主義の確立と自由主義

（1） イギリスの産業革命と綿工業の発展

イギリスにおいて、ほぼ一七七〇年ごろから一八二〇年ごろにかけて進展した、主として綿工業における機械制大工業の形成過程は、資本主義的生産を確立させる産業革命をなしていた。この産業革命を経て、綿工業が羊毛工業にかわりイギリスの最大の産業となる。

当時の羊毛工業は、労働者の熟練に多くを依存する手工業段階にとどまっていた。それにたいし、綿工業では、紡績過程から進行した自動的機械装置による作業機の発達により、手作業の熟練を不要とし、労働力を互換的で同質的な商品として資本が購入し、その生産を拡大することを可能とした。ハーグリーヴスのジェニー紡績機（一七六四）にはじまり、アークライトの水力紡績装置を経て創出されたクロンプトンのミュール紡績機（一七七九）は、蒸気機関による動力機の生ずる回転エネルギーを、ベルトをもちいて多数の紡錘の高速回転に転換させる伝導機構と組み合わせて、機械制工場制度を綿糸生産に普及させていった。一七九六〜九八年には、まだ羊毛製品がイギリスの最大の輸出品で、綿製品の輸出額はその半分以下にとどまっていたのが、一八二〇年になると綿製品が羊毛製品の輸出額のほぼ三倍にあたる最大の輸出品となる。その後も、「世界の工場」といわれたイギリスの輸出産業は、綿工業を中心とし続ける。

紡績過程から進行をはじめた産業革命は当初、織布工程に手織り工の多くを必要としていたが、やがてその工程にも、カートライトの自動力織機（一七八五）が改良を重ねて普及してゆく。一八二〇年には約二五万人に達していた手織り工が、四〇年には六万人に減少し、一五万人の工場労働者にとってかわられる。自家労働によっていた手織り工には生《なり》業《わい》を奪われる過酷な変化が広がった。産業革命は、そのような破壊作用をもともないつつ、紡績工程の変革のみで終わるものではなく、織布工程やその他産業に機械化の波を順次広げてゆく。連続的な生産力の革新過程の発端をなした、生産様式の変革とみるべきであろう。産業革命後、生産力の増進を続けていたイギリス綿工業は、アメリカ南部のプランテーションなど、海外からの原料綿花の消費量を一八二一年の一億二九〇〇万ポンドから一八六〇年にはその八・四倍にあたる一〇億八三六万ポンドに増加してゆき、その加工による綿製品の七割以上を輸出していた。

一八五〇年のイギリスにおける綿工業の工場は、一九三二を数え、そこで働く労働者は三三万人（一工場平均一七〇人ていど）で、そのうち六割までが女性・児童であった。一九世紀末以降、重要性を増す重工業にくらべ、綿工業を中心産業とするイギリスの資本主義的生産のあり方は、現代からみればむしろ中小企業的な規模の多数の競争的な工場が併存する軽工業が中心であったことがわかる。また機械制工場制度が、安価で代替性の高い女性や児童を大量に動員することを容易にし、熟練に依拠する羊毛マニュファクチュアの限界を突破する発展性をえたこともあきらかであった。あわせて、この時期に女性労働者が大量に賃労働に動員されていたことは史実として注目しておきたい。それは、その後の重工業の時代に、市場労働の中心が筋力を要する男性労働となって、典型的な労働者家族では女性が主婦としてもっぱら家事労働の担い手となる時代を経て、現代資本主義が、高度情報技術によるオートメーション化を工場にも事務・営業部門にも普及するにつれて、女性を安価な非正規労働者として、ふたたび多用するようになる変化と呼応するからである。

（2）産業資本の自立的発展　イギリスの綿工業に実現された産業革命は、他の繊維工業、金属工業、金属加工工業、鉱業、さらには鉄道などの運輸業などにも機械装置による労働者の雇用を順次拡大していった。それにともない、資本は、貨幣（M）によって人間の労働力と原料や機械などの生産手段を商品（C）として購入し、生産過程（P）を社会的規模において商品による商品の生産として組織する。そして労働力（商品）の再生産に要する必要労働時間をその商品価値の実体としてひきわたし、労働力（商品）の使用価値として必要労働時間とそれをこえる剰余労働時間とを入手し、剰余労働を剰余価値の実体として価値増殖をすすめる産業資本の形式M―C…P…C'―M'を、基本とするようになる。

資本主義の生成期に羊毛手工業を産業的な基礎として育成しつつ、もっぱら大規模な貿易取引による売買差益になお価値増殖の基盤をおいていた商人資本的形式M―C―M'による資本は、産業革命後、産業資本に主導的な役割をとってかわられる。外国貿易などで売買差益を追求する商人資本的な活動は、その後も広く存続し、産業資本の一面にも継承される。しかし、商品流通を専業的に担当する商業資本は、産業資本による生産過程での剰余価値生産が社会的に確立されると、基本的には、産業資本の販売過程を集中して代行し、産業資本の社会的生産の効率的な拡大をうながし、それによって追加的にえられる剰余価値の一部を分与される機能に中心業務を移すことになる。

それとともに、手工業による重商主義段階の資本主義的生産では、手作業の熟練労働の必要性から、資本による雇用労働も、労働力を同質的で代替可能な商品として十分あつかえなかった限界を、機械装置にもとづく産業資本の発展で、社会的にのりこえていった。羊毛手工業では、マニュファクチュアの成長も、その内部で熟練労働への資本の譲歩が労働条件で必要とされ、外部にも広く農村部などに家内手工業経営を残し続けていた。その意味で資本の原始的蓄積過程でのエンクロージャー運動による、生産手段からの無産の労働者の創出過程、それにともなう農業・農村と工業・都市部との分離、それらをつらずる労働力の全社会的な商品化への変革は、産業革命を経て産業資本が機械装置により確立されて、はじめて十分に実現されたのである。

もともと機械装置は、人間が労働対象とする原料や天然資源に働きかけ加工する場合に、労働手段として発達させてきた道具を作業機として、一連の分業的組織を結合し、自動的に運動する機構にしたものであった。その発達は、労働の効率（生産性）をあいついで高める作用を有していた。しかも多くの職場で、労働作業にさいしての個人的な能力差や熟練度によらない作業効果を期待できるようになり、経済生活を支えあう人間的な労働能力の、本来的な同質的・平等性を社会的にあきらかにする側面も有していた。

とはいえ、機械装置が資本主義のもとで、資本の価値増殖の手段として用いられるかぎりでは、労働生産性の向上効果も、労働者には容易に還元されない。社会的には資本の相対的剰余価値の生産増進に役立つよう、必要労働時間を圧縮して、剰余労働を増大させるために役立てられやすい。おなじ産業のなかで、例外的に優れた生産方法を実現した個別資本が獲得しうる特別利潤が、そうした生産性向上への社会的発展を促進する個別資本的な動機を与えることも、さきに第1章でみたところであった。

実際、産業革命以降、機械装置は労働者に敵対的な役割を果たし、労働者が人間として機械を使用し、生活や仕事をらくにするために使われるものではなく、むしろ人間を支配し、抑圧する外的存在とみなされることにもなる。そのため、ことに一九世紀はじめの一五年間には、イギリスの工業地帯で、ラッダイト運動とよばれた「機械打ちこわし運動」も頻発していた。産業革命後の綿工業でも大量に動員された安価な女性・児童労働にも、一日あたり、一四、五時間の過酷な労働が強いられていた。その健康上の悪影響にたいし、労働者の要求も容れて、一八歳未満の年少労働者に労働時間の制限が加えられたのは、一八三三年の工場法においてであり、四四年の工場法改正で女性労働にも制限がなされ、四七年になって一〇時間労働法がようやく実現した。

その経緯にも、ほんらいは人間の労働を節約し軽減する可能性を有しているはずの機械装置が、資本主義のもとで営利目的にしたがって導入され、利用される結果、いかに逆転した破壊的な荒廃作用を人間におよぼしうるかが古典的な事例として示されていた。現代の新自由主義的資本主義のもとでも、それをあらためて想起させる労使関係の再編がふたたび進行しているといえよう。

綿工業を中心に、機械制工場制度を社会的に拡大したイギリスには、資本主義的生産が労働力の商品化を徹底させて、産業資本による、商品による商品の生産を経済生活の基本秩序として確立し、全面的な商品経済社会としての自律的発展性を示していた。その自律的発展は、産業革命の過程で、古典派経済学を代表するA・スミス（1776）とD・リカード（1817）が、やや理想化しつつその秩序を自然的で合理的なものと説いていた、資本家、賃金労働者、土地所有者の三大階級からなる資本主義社会のしくみを現実化していった。しかし、確立された資本主義の発展は、古典派経済学の想定とは異なり、自然的で調和的な秩序ではなかった。ことに労働者階級にとっては、確立された産業資本のもとでの生産性の向上が、労働条件とそれにもとづく経済生活の向上に予定調和的に連動せず、むしろ逆に、機械装置に支配された苦役としての労働作業を低賃金で長時間強いられる傾向が続いていた。

そのうえ、一八二〇年代から六〇年代にかけて、ほぼ一〇年周期で一八二五年、三六年、四七年、五七年、六六年と反復された古典的恐慌は、資本主義の自律的発展に内在する矛盾の自己破壊的発現を、信用恐慌、商業恐慌、産業恐慌の三面の統合において示し、その発展が自然的で合理的秩序ではありえないことを明示していた。労働者は、それにさきだつ好況期に雇用と賃金の改善をみても、周期的恐慌のたびに雇用と賃金の破壊的な悪化を経験せざるをえなかった。景気循環の過程は、さらに恐慌に続く不況期に特別利潤を追求する資本の競争圧力を強めて、固定資本の廃棄更新による生産方法の発展を強制する機構としても作用し、それをつうじ労働節約的な資本構成の高度化を実現して、資本の利用可能な相対的過剰人口（産業予備軍）を追加的に再形成するしくみをもなしていた。資本はそれにより、その後の好況局面で、与えられた規模の労働人口のもとでも、以前の好況局面を上回る資本蓄積水準を達成しうる基礎を与えられていた。

こうして周期的恐慌を一環とする古典的な景気循環は、労働力の商品化を基本前提とする資本主義に内在する自己矛盾の発現と、その現実的な解決の機構を形成し、資本の蓄積過程が必要とする、労働力（商品）の供給余力をみずからの動的展開の内部において、自律的に確保するしくみをもなしていたのであった。

（3）自由主義政策　資本主義的生産は、その基礎を手工業による羊毛工業から機械装置による綿工業に発展させるとともに、大衆の衣料生産が農耕と結合しておこなわれていた封建社会の自給自足的な農家経済を解体させた。そして、衣料生産を都市部の資本主義的経営に全面的に集中させ、社会的な規模で農工分離を商品経済による分業体制として大きく促進した。それとともに、イギリスで先進的に進展した産業革命による綿工業の発達は、羊毛工業の場合と異なり、原料としての綿花を国際的な世界市場で、アメリカ、インド、ブラジル、西インド、地中海沿岸諸国などから輸入し、ワインや飲食料品もあわせてヨーロッパ諸国などから輸入して、綿製品その他の工業品を輸出する、「世界の工場」としての役割を、いわば国際的な農工分業の体制として大規模に推進することとなった。

しかも、そのような資本主義的生産の発達は、商品経済に特有の無政府的な、私的利益の自律的追求を基礎として実現されていった。その発展は、遅速はあれ、他の国や地域にも同様の商品経済にもとづく資本主義の発展を触発する作用をともなっていた。植民地とされていたアメリカの独立戦争（一七七五～八三）も、そのひとつの顕著なあらわれであろう。それを契機に、一七九六年にはアメリカの船舶がイギリスに輸出品を運ぶことを認めざるをえなくなり、一八〇八年には同様の譲歩を南米のポルトガル植民地にも認め、重商主義的な航海条例は意義を失ってゆき、一八二二年に改正をみている。同時に重商主義的な植民地政策もその役割を失い、植民地などへの特許貿易会社の独占的取引の保護も順次改廃されて、競争的で自由な貿易取引が許容されていった。

一七世紀以来、重商主義的通商政策において、敵対的であったフランスとの関係も、一七八六年のイーデン条約により、フランスからのワインの関税を他国と同程度に軽減し、農産物、ガラスその他の工業品の輸入を解禁するのと引き換えに、イギリス製品にフランス市場も開放することとなり、優勢な産業を基礎に自由な通商拡大に道を開きつつあった。とはいえ、その後に生じたフランス革命（一七八九～九九）とそれに続くナポレオン戦争（一七九九～一八一五）によって、その通商拡大は一時中断された。

しかし、戦後の貿易回復をうけて一八二〇年にロンドンの商人が議会に請願書を提出し、財政目的以外の関税の廃止を主張したことから、その後、ほぼ半世紀にわたる自由貿易運動が展開される。その内容は、A・スミスやD・リカードの古典派経済学にしたがって、各国産業の合理的な国際分業を実現するためには、自由な通商を阻害する関税はできるかぎり廃止されるべきであると主張していた。それは、イギリス商業の利害からみても、すでに他国を農業国として原料やワイン、食品などを輸入しつつ、工業製品の輸出を拡大しうる基盤をととのえていた産業資本の自律的発展を助長することが重要になっていたことを物語っている。実際、グラスゴー、マンチェスター、リバプールなど、工業都市として台頭していた地域からも同様の請願書があいついで提出され、イギリスの自由貿易運動は全土に広がっていった。

これをうけて、一八二三年以降、関税の軽減、課税品目の整理、廃止がくりかえし実施されていった。その過程で、最大の関心を集めたのは、ナポレオン戦争期に高騰した穀物価格を維持するために、あらためて制定された新穀物法（一八一五）が、その後も何度か改正を加えられながら存続して、穀物価格を高水準としつつ、その投機的な変動も助長していたことであった。それは、重商主義的政策において、議会の上院を世襲的に占めていた貴族的土地所有者層への譲歩が、継承されていたもので、産業資本の利益に反するとともに、労働者の生活にも不利に作用していた。一八三八年には小麦価格の高騰を機に、マンチェスターに反穀物法協会が設立され、翌年には反穀物条例連盟が全国的な組織として発足し、R・コブデンのもとで、マンチェスター自由貿易運動の中核としての反穀物法運動が展開される。その運動は、普通選挙を求める人民憲章(チャーター)を掲げ、一〇時間労働法の実施を求める労働者のチャーチスト運動とも協力関係を結ぶ。旧地主階級にたいする新興産業の資本家階級の闘争が、労働者階級も味方にして推進された社会運動であった。その結果、一八四六年に穀物法が事実上廃止され、自由貿易政策がイギリスで実現された。

その後も、その他の品目に残る関税の軽減・廃止の改正は継続的におこなわれ、結局、一八六〇年に全面的な改正がおこなわれる。産業資本の自律的発展を確立したイギリスにとっても、自由主義政策を対外政策として通商面で完成するのは、決して容易ではなかったのである。それは産業的な発展において後発的な通商相手国に、先進的なイギリスとの対抗関係をふまえ、なお産業保護関税が根強く存続していたことによるところもあった。

とはいえ、イギリスで先進的に実現された、商品経済の自由で競争的な発展にもとづく資本主義的生産の拡大は、世界的にも通商関係の拡大と自由化を推進する傾向をもたらさずにはいなかった。自由な通商を尊重し、実現する発想は、その意味で、重商主義的保護政策に反対して実現された確立期の資本主義に対応する政策思想であるとともに、商品経済にもとづく資本主義に本来的な基本イデオロギーとして、後発的なその他の国にも受容されてゆく側面をも有していたといえよう。

とくに、この段階のイギリスは、一八五〇年代末には中国、タイ、日本との通商条約を締結し、六〇年にはフランスと自由主義的な通商条約を結び、そこにふくまれた最恵国条項を他の国との条約にもとりいれ、適用し、それに続くベルギー、イタリア、ドイツ、オーストリアなど大陸ヨーロッパ諸国との通商条約にも生かして、一八六〇年代には、まさに国際的な自由貿易の最盛期を実現していったのであった。

こうして一九世紀中ごろの資本主義は、イギリスを先進的な典型国として、綿工業を主導的な産業とする産業資本の自律的発展にもとづき、それにさきだつ重商主義段階における保護主義的な経済政策をあいついで不要とし、廃止していった。それは、産業革命を経て確立された資本主義の成長期に特徴的な自由主義段階の経済政策をなしていた。最も重要な基本方針は、世界市場との商取引と産業的成長を、古典派経済学が主張していたような自由で競争的な市場にゆだね、国家の政策的な介入は、できるかぎり縮小し、排除する発想におかれていた。その意味で、自由主義政策は、実は重商主義的政策を廃止する、いわば経済政策を排除する特異な政策でもあった。とはいえ、それは、商品経済にもとづく資本主義的生産の自律的成長にふさわしい、政策基調をなしていたのであった。

3 金融資本の成長と帝国主義

(1) 大不況とイギリス金融資本の形成

一八七三年にはじまり九六年にかけて進行した一九世紀末の大不況は、資本主義の自由主義的発展段階を終わらせて、帝国主義段階に移行させる大きな分水嶺をなしている。

この時期にも、七三年のオーストリア、アメリカ、ドイツなどに連鎖的に生じた信用恐慌、七八年のシティ・オブ・グラスゴー銀行の倒産にはじまるスコットランドの金融危機、八二年初頭のフランスや、八四年春のアメリカの金融恐慌、さらに九〇年のドイツやアルゼンチンの信用恐慌とイギリスのベアリング商会の倒産、九三年のニューヨーク金融市場の崩壊など、恐慌現象は反復された。しかし、それらは自由主義段階における典型的な周期的恐慌のような、明確な周期性、全面性、激発性をともなう恐慌を、とくにイギリス経済に生じさせるものではなくなっていた。

世界各地に証券投資などの形で投融資されていたイギリスの金融資産は、周辺国での鉄道建設などの投機的ブームを助長しつつ、そのゆきづまりにさいしては、金利の上昇にともないロンドンにひきもどされ、周辺部での金融危機を激化しつつ、イギリスの金融危機は逆に緩和する傾向が生じていた。にもかかわらず、大不況の二三年間にイギリスの卸売物価はほぼ継続的に四五%も低落し、利潤の減少ないし欠如が多くの産業に広がった。利子率もごく低位に押し下げられ、産業的な資本蓄積はしだいに停滞基調を深め、競争的な再編の圧力が強化されていった。物価下落により実質賃金はある程度上昇したが、生産性の上昇につれて雇用は不安定化し、労働組合失業率も高水準となりがちであった。

一八九〇年にもイギリスの工業輸出は、全世界の三五・八%を占め、アメリカ、フランス、ドイツの合計をなお上回っていた。自由主義段階における「世界の工場」としてのイギリスの位置は、後発的なドイツ、アメリカの工業化にともない、挑戦的な競争圧力をうける立場に移行しつつあった。だが、鉄鋼輸出も一八九〇年までドイツの四倍を維持し、この時期の世界市場は、あきらかにイギリスの産業と金融の動態に支配的な影響をうけ、イギリス経済における不況基調の長期的な継続の影響を、その中心的問題としていたとみてよい。

この大不況期に、イギリスを中心とする資本主義の発展の産業的基盤は、綿工業などの軽工業から、世界的な鉄道建設とそれに用いられる鉄鋼の大規模生産などの重工業に移されてゆく。イギリスの金融資産は、この時期の鉄道網の世界的な建設に、鉄道証券や国債の購入をつうじ直接・間接にふり向けられ、対外投資を増大させていった。そこから生ずる世界的な鉄鋼需要に、一八八〇年代までのベッセマー法による大型高炉による製鋼業の成長の時期には、圧倒的にイギリスからの鉄鋼輸出で応ずる産業連関を形成していた。しかし、大規模化して廃棄・更新が容易でない固定資本の産業的な蓄積が、大不況の末期に生産能力として相互に過剰化して、生産力の発展性を停滞させる傾向をもたらす。それにともない、一八九〇年代以降、後発的なドイツ、アメリカでの燐分をふくむ鉄鉱石にも対応できるトーマス・ギルクリスト法による新製鋼法によって、鉄鋼業の成長に競争力的優位を逆転され、イギリスの製鋼業は、その後、むしろ高級特殊鋼の平炉による生産などに特化することになる。

こうした大不況の過程をつうじ、資本主義の発展に支配的な役割を担う資本は、自由主義段階の綿工業を中心的基盤とする産業資本から、鉄鋼業などの重工業を基盤とする巨大株式会社の成長にもとづく金融資本に移行する。株式会社は、個人的な投資では実現できない大規模な企業に、広く共同出資を募るしくみとして、企業への出資元本を多数の有限責任で譲渡可能な株式持ち分に細分し、共同出資の範囲を拡大する組織形態をなしていた。すでに重商主義段階の特許貿易会社、銀行、自由主義段階における鉄道業などにそのしくみは利用されていた。しかし、もともと資本主義は私的利益の追求を基本原理としているので、広範な共同出資によらないでも組織可能な、自由主義段階の綿工業では、競争的な多数の個人出資形態の産業資本を支配的資本としていた。これにたいし、大不況期に新たな産業的発展の基盤となった世界的な鉄道建設と製鋼業に代表される巨大な固定資本の建設を要する企業の成長には、株式会社による共同出資の拡大があらためて不可欠となった。

株式会社のもとでは、営利企業に投じられて利潤を追求する資本の所有が二重化される。それぞれの株式証券の所有持ち分に応じた株主による会社の共同所有と、会社による現実資本の統一的所有とへ分化が生ずるのである。それによって、株式証券の小部分が売買されて所有者が変化しても、会社による現実資本の運営にはただちに支障は生じない。と同時に、持ち株数に応じた株主総会での議決権は、会社の経営陣の選任や重要方針の決定権を比較的少数の大株主に集中させ、多数の中小株主は、会社の運営には参与しないまま、会社のあげる利潤からの配当への株数に応じた権利と、会社の成長などによる株式価格の上昇を期待する立場におかれる。

こうした株式会社の形式による製鋼業などの重工業では、大規模な固定設備を建設することが可能となって、おなじ産業分野で競合する企業の数も、綿工業のような軽工業とは異なり、比較的少数となる。しかも大不況のような利潤のあがりにくいデフレーションの続く過程では、その製品市場での価格競争は共倒れ的な死活問題を深刻化させてゆく。株式会社のしくみは、こうした過程で同種産業や関連産業の企業相互に、大株主間の合意が成立すれば、たとえば一九七〇年に富士製鉄と八幡製鉄とが、それぞれの株券を新日本製鉄の新株券と一対一で交換したように、株式証券の置き換えのみで、会社の合併が容易に実現できる。一方の会社の株券を増発して、他方の会社の株券と適当な比率で交換して吸収合併を実現することもできる。

実際、イギリスでも大不況の終息過程から、たとえば綿工業でのJ・P・コーツ、化学工業でのブルナー・モンド、ソルト・ユニオン、鉄鋼業・兵器産業のアームストロング、さらには銀行業などに、株式会社を利用した吸収・合併の大規模な合同運動が進展していった。そこでは、共倒れ的な価格競争を緩和して、独占価格を維持しようとする動機も重要な契機をなしていた。

イギリスでは、株式会社の株式の発行、流通に各地方の資本市場がかなり重要な役割を演じていた。ロンドンの資本市場は、大不況期には海外証券の発行に重点をおくようになり、国内投資用の証券発行が海外証券の発行の半分をこえないのが通例となっていた。しかし、大規模な合同運動を経て、内外の鉄道証券や公債におとらない国内投資用証券の発行がロンドンの資本市場でも実現される。一八九六〜九九年をとると、ロンドンでの国内投資用証券の発行は、海外投資用発行額とほぼ同額となり、一八九六〜一九〇二年をとると、海外投資を上回る額に達している。

こうして、合同運動を経て成立した巨大株式会社は、イギリスにおいても主要産業や商社、金融などの分野をつうじ、（できれば独占的な）利潤を追求する資本の投資活動を大規模化していった。さらに株式形態において、資本を資本市場で商品化し、資本市場において金融資本として評価され、取引される組織形態を形成する。金融資本としての株価の総額は、会社の現実的な出資金をしばしば上回る金融資産として評価されることになりうる。株価は、一株あたりの利潤配当を利子率で割って算定され、たとえば国債の利回りと比較され、さらに収益の今後の伸びや、利子率の動向への投機的な思惑も加えて、市場で取引される。そこで共同出資として創業時に集められた資本金の総額をこえる金融資産としての株式価額を、資本市場で形成する可能性もふくみ、その差益は創業者利得とよばれる。企業合同による利潤の安定化、独占利潤の獲得可能性などは、この創業者利得を増大させる期待をともない、これを促進する銀行や証券業者にも強力な差益取得の動機を与えることとなった。

この創業者利得は、非上場で成長した企業の資本市場への上場にさいし、創業者やその家族、その他の少数の共同出資者に、現在でも富豪を生じさせることが少なくない。その利得の源泉を、ヒルファディング（1910）が試みたように、年々の剰余価値の先取りと説明するのは適切かどうか。むしろ社会的な富として蓄積されている金融的な資産の再配分を主たる源泉とするものと理解すべきではないかと思われる。

（2）後発的資本主義国ドイツ、アメリカの発展　イギリス資本主義が、大不況の過程で、なお世界市場における金融と産業の両面にわたる支配的位置にありながら、その内部に生じた株式資本としての産業資本の金融資本への転化の過程で、巨大化した固定資本の過剰化をめぐり、産業的な発展を停滞化させる傾向を生じさせた。これにたいし、後発的なドイツやアメリカの重工業の発展は、多くの先進的な技術をイギリスから移転しつつ、イギリスに対抗し産業化を加速してゆき、鉄鋼業など重工業の主要分野で競争的優位を実現するにいたる。たとえば、鉄鋼の産出量では、アメリカは一八九〇年、ドイツは一八九五年までにはイギリスを凌駕するにいたる。それにともない、イギリスを中心とする大不況の重圧はのりこえられてゆき、同時に南アフリカのラントの金鉱が世界最大の金産地として開発されるにしたがい、世界市場の物価も上昇傾向に反転する。そして、一九一四年の第一次世界大戦まで、長期波動の上昇局面を思わせる好況基調が継続した。

この局面で、金融資本の重工業を基礎とする産業的な発展面を、イギリスに対抗しつつ典型的に示すようになったのはドイツであった。ドイツは、プロシア・フランス（普仏）戦争（一八七〇〜七一）に勝利して、ドイツ帝国を建設し、急速に産業化をすすめる。その産業化の基盤は、先進的な技術による鉄鋼業、化学工業などの重工業において、大規模な固定資本を株式会社により建設することにおかれていた。そのためドイツの資本主義化は、労働・雇用にあてられる可変資本の比率が低く、生産手段にあてられる不変資本の比率が高い、高度な資本構成での蓄積を特徴的に示していた。

イギリスでは、商業銀行は短期の貿易金融と商業手形の取引に重点をおき続け、株式の発行による長期の固定資本への資金の動員は、地方と中央の資本市場で、証券業者が仲介する直接金融によっていた。これにたいしドイツでは、資本市場がさほど発達していなかったので、銀行が預金として集めた資金を重工業の長期にわたる固定資本の建設に融資する間接金融を与え、それにみあう株式を産業企業に発行させて、担保資産とする方策をとった。それがイギリスに対抗するドイツ重工業の急成長をうながすとともに、やがて成長した企業の、株式の資本市場への上場や売却にともなう創業者利得のかなりの部分を銀行に取得させることにもなっていた。

そのためドイツではまた、しばしば銀行が関連する産業株式会社の合併を、たとえば製鋼業と石炭業との混合企業として促進したり、さらに製品の価格の独占的な安定化を図るカルテル（企業連合）組織の形成をうながす役割も演じていた。大不況の過程から、くりかえし試みられた部分的カルテル形成の試みは、一九〇四年のデュッセルドルフ製鋼連合の成立にともない、ドイツの典型的な金融資本の独占的な組織を確立した。

ヒルファディング（1910）は、こうした経緯を重視し、株式会社の組織形態にもとづき、産業資本に転化し、これと融合した銀行資本を金融資本と規定した。しかし、この規定は、ドイツにおける銀行の産業企業への長期で大規模な融資と、それにもとづく株式の発行による金融的利得、さらには企業連合の形成促進などへの支配的な役割を、資本主義の新たな発展段階を代表する金融資本一般の特徴として、過大に強調するものとなっている。イギリスやアメリカでは、巨大産業株式会社の役割が成長し、金融資産として資本市場であつかわれる資本が支配的となるにせよ、銀行がドイツのように、それと融合し支配的な役割を果たしていたとはいえない。レーニン（1917）は、ヒルファディングの金融資本の規定を尊重しつつ、そこに独占資本の規定が欠けていると指摘し、その後、帝国主義段階の支配的な資本をむしろ独占資本とみなす発想も広がっていた。

しかしレーニンが、この段階の資本主義に特徴的で重要な側面とした資本の輸出を、二〇世紀初頭までの企業の合同運動の後にふたたび強化するイギリス資本主義では、産業株式会社の国内市場をめぐる独占組織の形成はドイツ、アメリカにくらべ相対的に顕著でなかった。したがって、一九世紀末からの資本主義の新たな発展段階に支配的な金融資本の主要国における共通の基礎が、広く巨大産業株式会社の成長にあることを認めたうえで、それぞれの金融資本の特徴的な諸相を銀行と産業との関係、独占組織の特徴、労使関係、農業問題との関わりなどをめぐり、考察しておくことが、それら相互の国際的な対立関係を理解するうえでも重要となる。

たとえばドイツでは、後発的資本主義が、高度な資本構成を有する重工業の成長を急速に実現したので、イギリスで資本主義の長期にわたる発達にともない農業従事者の比率が、かなり減少していたのとは異なり、農村部に家族的経営による農民層が広範に残存し、大不況期に、東欧諸国やアメリカからの安価な農産物の輸入によって深刻な影響をうけ、農業問題が深刻な社会問題となっていた。これにどう対処するかが、高度に発達した金融資本の利害にそった国家の経済政策においても重視されざるをえなかった。それとともに、重工業の大規模工場に大量に集められた、筋力を要する成年男子労働者のあいだに労働組合運動が成長し、その利害を代表するドイツ社会民主党のような社会主義政党が議会で勢力を伸ばし、一八九一年のエルフルト綱領では、明確にマルクス主義に依拠するようになり、一九一二年にはルール地域で三七％の得票をえるにいたる。それもドイツの経済政策に、社会主義に対抗する社会保険をふくむ社会政策を拡充させる重要な契機となり、成熟した資本主義としての一面を先進的にもたらす契機をなしていた。

アメリカでは、巨大産業株式会社としての金融資本の成長は、外国との競争から隔離された、広範な国内市場と大衆的に動員可能な豊かな資金を基礎として、証券資本主義の特徴をともない大不況期に急速に進展していった。そのさい当初は、ドイツのカルテルに類似した企業間の価格、生産制限、販路の協定などがプール（pool）という名称で試みられたが、法律的な制限もあって成功をおさめなかった。かわって、一八八二年にロックフェラーのスタンダード・オイルが約四〇社から株式を受託する理事会、トラスト（企業合同）を形成して、全国の精油業の九〇％余りを占める独占組織を形成して以来、広い分野でトラストの形成がおこなわれるにいたる。独占禁止法でこれも違法とする諸州が生じ、一八九二年にはスタンダード・オイル・トラストも解散された。しかし実質上は、その独占力は存続していった。

その後、アメリカの企業合同はシュガー・トラストのように一社に統合されたり、あるいは持ち株会社により統一的な経営支配を実現する方策によることとなる。たとえば、一九〇一年に形成されたUSスチールは、カーネギー・スチールなど、アメリカの鋼材のほぼ六六％を占める有力八社を持ち株会社として統合するトラストをなしていた。この企業合同を推進したモルガン商会などのシンジケートは、それ以降の鉄鋼価格の独占的な価格形成からみこめる収益を期待して、かなりの水増し価格でＵＳスチール株を売りだした。そして、巨額の創業者利得を獲得したが、それは資本市場での投機的利得を重要な致富の手段とするアメリカの証券資本主義的金融資本の特徴を示すところでもあった。

実際、アメリカは、ヨーロッパなどから大量の移民をうけいれつつ、西部にひろがる広大で豊かな土地に、イギリスやドイツのような土地所有者階級は存在しないまま、卓越した国際競争力を有する農業生産がおこなわれた。大不況期にも、イギリスやドイツに生じたような農業不況による農民の貧困化をめぐる社会問題は起きず、地方的にも全国的にも商工業と農業の内部市場を成長させ、そうした証券資本主義に動員可能な大衆的資金を広く内包していた。と同時に、そのような証券資本主義的金融資本も、それを介し巨大産業株式資本の形成による独占的な価格支配を石油業、鉄鋼業などの重化学工業に確立させていったことは、ドイツと共通する二〇世紀の資本主義の先進的な特徴をなしていた。

（３）帝国主義政策から世界戦争へ

イギリスは自由主義段階に「世界の工場」として、綿工業を中心に卓越した工業製品の国際的な輸出競争力を維持して、自由貿易を世界的に経済政策の基調とする方向を領導していた。しかし、大不況の過程で、国内産業の成長が綿工業から鉄鋼業などの重工業に移るとともに、世界的な鉄道網の建設に直接・間接に関連した主として株式や公債などの海外証券への資本輸出が、顕著に増大してゆき、商品輸出もそれを介して促進されるにいたる。

それにともないイギリスは、重商主義段階から維持していたインド、オーストラリア、カナダなどの植民地に加え、アフリカや中南米などにもあらためて植民地を拡大する政策を、フランスや新興のドイツなどと競い合うように、一八八〇年代以降活発化させてゆく。当面は経済効果が不確かであっても、将来的には重工業に役立つ資源の確保、市場拡大の可能性をふくみ、投資先となりうる期待をこめて、列強が海外植民地の拡大を競い合って進める方向を、イギリスも推進したのであった。

その過程で、イギリスにも大規模な産業株式会社が金融資本の産業的な基礎として形成されてゆく。とはいえ、大不況の末期から二〇世紀初頭にかけての企業による合同運動の一時期を除くと、イギリスに蓄積された金融資産は国内企業より海外投資に、より多くふりむけられた。さらに、その投資収益が、貿易上の赤字を埋め合わせても余りあるので、また海外投資に追加されてゆくこととなり、イギリスの金融資本は対外証券投資に収益の多くを依存するレンティエ(金利生活者)的な一面を特質とするにいたる。その意味では、金融資産が国内産業やその雇用の成長に役立てられにくい、金融と産業との乖離が、イギリス経済にとっての重要な課題とされ続けることにもなる。現代の日本にもこれに類似の問題が深刻化しつつあるのではなかろうか。

他方、後発的なドイツ資本主義は、広大な植民地を有するイギリスやフランスに世界市場で対抗しつつ、重工業の株式会社組織による急速な成長を銀行が間接金融をつうじて促進し、企業の合同やカルテルによる独占組織の形成を助長していった。経済政策の面でも、こうしたドイツ金融資本の形成への利害にそくし、大不況の過程で一八七九年以降、関税政策を積極的に展開する方向に貿易政策を転換している。

そこに、穀物関税とあわせて鉄鋼など重要工業品関税もふくまれているのは、F・リスト（1841）が発展段階の遅れているドイツなどのために主張していた産業育成関税とは、すでに意味合いが異なっていた。むしろ、イギリスの重工業と世界市場で競合しつつ、その内部に独占組織を形成する試みをすすめるにいたったドイツ重工業に独占利潤の確保を容易とする、カルテル関税として作用するものとなっていた。カルテル関税で確保された独占利潤は、海外市場での鉄鋼価格を国内価格より七％から一九％安くダンピングするために用いられ、輸出市場でのイギリスの支配を打破してゆく帝国主義的な攻勢の有力な武器となった。穀物関税も育成関税というより、ドイツ金融資本の形成過程で、深刻化していた農業問題を緩和させ、労働者運動にもとづく社会主義の勢力拡大に対抗する社会政策の一環をなしていたといえよう。

アメリカも南北戦争（一八六一〜六五）後、北部の産業利害にそった関税政策をとり、その役割は大不況期をつうじ、トラスト形式での金融・独占資本の形成がすすむにつれ、国内市場での独占利潤の確保を容易とする帝国主義的な関税の機能を強化していった。とはいえ、国内市場が広く、拡大を続けていたアメリカでは、植民地政策や関税政策の面でもドイツにくらべ、世界市場での帝国主義的な攻勢はさほど示していなかった。これにたいし、ドイツの金融資本は、関税に保護されたカルテルによる独占利潤にもとづき、資本輸出を世界市場で主に直接投資として鉄道の敷設や工場の建設にあてながら、あわせて鉄鋼、機械などの資材を攻撃的なダンピングで輸出する傾向を強めた。さらに、その権益を確保し、拡大させるために、イギリス、フランスなどの植民地大国にくらべ、とるにたらない規模であった植民地支配の拡大にむけて、世界的な植民地再分割の帝国主義的要求を強めていった。とくにベルリンからバルカン半島にかけて、鉄道建設などで地中海から世界市場にいたる通商路を期待していたように、半植民地的な中近東の国々やその他の地域への政治・経済的な圏益の拡大を重視していた。そのために、オーストリアとの同盟（一八七九）にイタリアを加えた三国同盟（一八八二）が大きな意義をもつとみなされた。

これに対抗するイギリス、フランス、ロシアの三国協商が一八九四年から一九〇七年にかけて締結され、帝国主義的な利害の対立が、軍事力の強化をめぐる建艦競争をふくめ、列強のあいだに政治的・軍事的な緊張を高めていった。

こうして大不況が終息する過程で支配的資本が金融資本に転化するなかで、ドイツではカルテル、アメリカではトラストによる独占組織も確立されていったが、資本主義の成熟を示す大規模な株式会社による金融的な資本の統合や組織化は、社会経済の全面的な組織化を達成しようとするものでも、達成しうるものでもなかった。それは、あくまで私的な企業の利潤を追求し安定的に確保するために、それぞれの産業や関連産業の企業を組織化するにとどまっていた。そのため、国内的にも、周辺に広範に残る競争的な中小企業の利潤には抑圧的な悪影響をおよぼし、雇用にも抑制的に作用し、農業問題にも十分な解決は与ええなかった。国際的にもダンピングによる競争激化をもたらし、植民地再分割をめぐる列強間の軋轢を増してゆく。

金融資本の組織化は、資本主義に内在的な、不安定性や自己破壊性を解消しうる組織を実現しうるものでもありえなかった。実際、大不況を経て金融資本が確立される過程でも、一九〇〇年のドイツ、一九〇三年と一九〇七年のアメリカには、金融と産業の自己崩壊、それにともなう失業の増大と設備過剰を生ずる恐慌が反復されている。とはいえ、それらの恐慌も、この時期には多少とも局所的で一時的な経済危機にとどまり、大不況後、第一次世界大戦にいたる二〇年たらずの時期には、世界における資本主義は長期波動の上昇局面をおもわせる好況基調をむしろ特徴としていた。大不況の長期下降と、この時期の長期上昇的局面とをあわせ、自由主義段階におけるほぼ一〇年周期の景気循環に対比される、ほぼ五〇年周期の長期波動が、その内部により短期の景気循環をふくみつつ、重要な意義をもつようになったと考えられる。それとともに、イギリス、ついで後発的なドイツ、アメリカなどの主要国に金融資本を形成、確立してゆく一九世紀末以降の資本主義には、新重商主義ともいわれる植民地政策と関税政策とが、金融資本の利害にそって帝国主義的に再強化されていった。とくにイギリスが国内的にも大規模な産業株式企業を重工業などに形成しつつ、金融資産を対外投資にふりむけて、フランスなどとともに植民地の再拡大、世界的な投資・通商圏益の帝国主義的な確保にむけて、経済政策の方向を転換すると、これに対抗して、後発的ドイツが金融資本の利害にそった帝国主義的な関税政策と植民地の再分割要求とを強化してゆき、世界市場をめぐるあい争う列強の抗争が、世界戦争への危機を深めていった。そこに二〇世紀初頭の帝国主義段階の資本主義に生じた最大の自己破壊的矛盾のあらわれを認めなければならない。

ドイツ、オーストリア、ロシアなどの東欧圏では、さきにもみたように、後発的資本主義としての金融資本の発展のもたらす社会・経済的なひずみから、農業問題や労働者運動が社会問題として深刻化し、それに応じて資本主義そのものの限界をのりこえようとする社会主義運動が、ドイツ社会民主党を中心とする第二インターナショナルの国際連帯運動としても成長していた。これを緩和しようとする社会政策が採用される側面からも、国家の経済的役割が増大する傾向にあったが、帝国主義的国際的緊張の高まりは、祖国防衛戦争の危機に農民も労働者も協力させる有力な方策ともなっていた。

第一次世界大戦は、直接には、オーストリアの皇位継承者フェルディナンド大公夫妻が、セルビア人青年に暗殺された事件をきっかけに、一九一四年八月に勃発し、一九一八年一一月までの四年余り続いた。ドイツ、オーストリアとロシア、フランス、イギリス、さらに日本、ついでアメリカも参戦し、ヨーロッパを主戦場とする世界戦争となった。主として労働者、農民から動員された六五〇〇万人の兵士が戦い、八五〇万人が死亡し、二一〇〇万人が負傷し、市民も六六〇万人が犠牲となった。これに反戦の方針が貫けなかった第二インターナショナルの国際労働者運動は、大戦勃発により解体する。

レーニン（1917）は、これをきびしく批判して、この世界戦争はあい争う双方の列強が、金融・独占資本の利害にそって、資本の輸出を容易とする圏域を帝国主義的に求め、世界の分割と再分割をめぐり抗争して生じた災厄であるから、労働者、農民はこれを祖国防衛戦争とみなし協力すべきではなく、戦争の危機をむしろ社会変革の好機に転ずべきであるとする分析を示し、ロシア革命の理論的基礎を示した。第二インターナショナルの理論的な指導者カウツキー（1914－17）は、マルクスの『資本論』によりながら、歴史を動かす動因はブルジョアジー（資本家階級）にたいするプロレタリアート（賃金労働者階級）の数と組織力の増大にあるとする、いわば原理に固執し、帝国主義と帝国主義世界戦争の必然性と意義を明確にしえず、大戦の危機にも反戦の立場を貫けなかった。

レーニンは、これにたいし、『資本論』での資本主義の原理的考察を基準としつつ、一九世紀末からの重工業の成長にともなう支配的資本の金融資本ないし独占資本への転化から、資本の輸出が列強の世界分割と、その再分割要求を生ずる、帝国主義段階をもたらした推移を、史実にそくして資本主義の世界史的発展段階論として解明する研究次元を拓き、それによって世界戦争の危機に応ずる労働者運動の戦略課題をたてる可能性を示した。

資本主義とはなにか。それはたしかにマルクスが『資本論』で体系的に提示しようとした基本原理のみでは、十分にあきらかにはならない。そこで考察される先行の社会や、あるいはそれに続きうる未来社会との基本的な相違を示す歴史的特性とあわせ、資本主義がその発生、成長、成熟の世界史的な発展において、国家の経済政策の基本を変化させてきた段階的変化をも、労働力の商品化にもとづく歴史社会として、その動態に二重に内在させて展開してきているわけである。

第4章

現代資本主義の歴史的位相

1 危機の三〇年

資本主義は、その発生期の重商主義、成長期の自由主義を経て、一九世紀末以降の成熟期の古典的帝国主義の世界史的段階における、列強の資本輸出の圏益を争う世界分割をめぐり、第一次世界大戦の災厄を生じた。その社会・経済的な危機を転機として、資本主義の世界史は、つぎの三点で現代資本主義としての重要な特徴を示すにいたる。

すなわち第一に、一九一七年にレーニンの指導するロシア革命が、ソビエト（労農兵評議会）政権を樹立し、資本主義にかわる社会主義国家の建設を、マルクスの学説にもとづいて開始する。資本主義世界にとっては、周辺部の後発的な一環であったとはいえ、世界最大の領土と豊かな自然資源を有する国家に、資本主義にいたる階級社会を終わらせる、労働者社会を実現する試みが現実に開始されたことは、その後、重大な衝撃を与え続ける。

第二に、その衝撃もうけて、資本主義の国々にも、総力戦としての過酷な負担と犠牲を負わせた国民すべてに、政治への参加が容認される。一九一八年にはイギリスの男子に、一九年にはドイツ共和国の男女に、普通選挙権が実現し、二〇年にはアメリカで女性に参政権が認められる。それとともに、ワイマール体制（一九一九～三三）のドイツで、労働者の団結権、雇用と福祉の保障、生存権を社会権として尊重する二〇世紀の社会民主主義的な憲法の一典型が示されたように、ヨーロッパ諸国から経済民主主義の発想が拡大されてゆく。

第三に、大戦で国土に戦禍をうけず、ヨーロッパからの戦時需要に応じ、重工業から農業まで、全産業に戦時ブームをみたアメリカが、資本主義世界の経済覇権をイギリスから継承する位置についた。とはいえ、アメリカは当初、大戦に中立の立場をとり、参戦後も一九一八年一月のウィルソン大統領の演説に示されるように、「民族自決」、「無併合」、「無賠償」の講和と、「国際連盟」の設立を理想主義的に提唱していた。しかし、戦後の資本主義世界の復興にその経済力を積極的に役立てる姿勢には乏しく、結果的に、アメリカの経済的な繁栄も局部的で、短期的な不安定性をまぬがれず、一九二九年秋からの大恐慌をみるにいたる。

その世界大恐慌の過程に生じた資本主義世界の深刻な危機とブロック経済化による分裂のなかから、ファシズムによる軍国主義路線でイタリア、ドイツ、日本の枢軸国同盟が、ニューディール型のアメリカ、イギリス、フランスなどの連合国、およびソ連に軍事的に挑戦する第二次世界大戦が必然化されてゆく。その巨大な惨禍をふくめ、一九一四〜四五年の第二次世界大戦終結までを、資本主義の深刻な危機の三〇年とよぶことができる。

現代資本主義の歴史的位相は、この危機の三〇年にはじまり、ついで第二次世界大戦後の高度成長期と、その後の新自由主義の時代とに大きく様相の異なる三つの時代を経てきたといえよう。

(1) 相対的安定期　一九一八年一一月に第一次世界大戦が終わり、一九二九年一〇月にニューヨーク株式市場の崩落から大恐慌がはじまるまでの時期は、危機の三〇年のなかで、相対的な安定期をなしていた。とくにアメリカは、戦後のヨーロッパ諸国からの復興需要もうけて、戦時ブームに続き空前の繁栄をみた。ヨーロッパ諸国の農工業の回復にともない、その例外的な繁栄を支えていたブームは、一九二〇〜二一年の戦後恐慌で一時中断される。しかし、それにともなう農産物、クルマなどの耐久消費財の競争的な価格の下落を介して、国内の消費ブームがあらためて高水準の活況を支え、ヨーロッパ諸国などへの工業品の輸出も貢献して、「ジャズと狂騒の二〇年代」といわれる好景気を続けた。

他方、ヨーロッパ諸国には、戦後の政治経済的な混乱が一九二〇年代半ばまで続いた。戦勝国の英仏なども巨額の対米戦債の負担に苦しみ、ドイツからの賠償金でその負担を補うため、きびしい賠償金を求め、ドイツがその軽減を要請する交渉が重ねられていた。その過程で一九二三年にはフランス・ベルギー軍のルール占領もあって、ドイツ経済は、破滅的な大インフレーションにおちいる。

この戦債賠償問題は、アメリカがドイツへの経済援助をともなうドーズ案を賠償会議に二四年四月に提案して、ようやく小康をえた。アメリカは、ドーズ公債といわれるドイツの公債などに資本輸出を促進し、ドイツは長期分割払いで賠償金を英仏などの国々に支払い、それがまた受け入れ国からの対米債務支払いを可能とする国際的な資金循環を形成したことになる。これにもとづき、イギリスは翌二五年九月に宿願の金本位復帰を果たし、変動相場できわめて不安定であった国際通貨制が、再建金本位制により安定し、ヨーロッパ経済にも相対的な安定期が実現される。

とはいえ、この相対的安定期の資本主義世界の経済機構には、いくつかの重要な不均衡をともなう不安定化の要因が内包されていた。

第一に、戦債賠償問題をかかえたヨーロッパ諸国の再建金本位制は、主としてアメリカからドイツ公債などへの民間資本の輸出に支えられていたので、その機構が長期的に継続する保証は確かではなかった。ことにイギリスなど、対外債権を有する金融利害を重視して旧平価での金本位復帰を実現した国では、戦中・戦後の産業的競争力の国際的な変化もうけ、主要な産業に構造的にきびしい競争圧力が加えられ貿易収支の赤字が累積してゆく。

第二に、ヨーロッパ農業の復興にともない、戦時中に拡張されたアメリカ、オーストラリア、ニュージーランド、その他の農業との競合関係が二〇年代をつうじて、農家経営による生産調整の困難を示して、世界農業不況を構造化する傾向があり、資本主義企業にとっても、有効需要を抑制する不均衡要因のひとつとなっていた。

第三に、資本主義世界の相対的な安定を支える役割を求められていたアメリカ経済にも、いくつかの不均衡が増大していった。当時ヘンリー・フォードの自動車工場は、きつい流れ作業に労働者を確保する必要から高生産性・高賃金を実現していたが、それは局部的な例外にとどまっていた。戦時ブームが去った後のアメリカ産業では、生産性の上昇にもかかわらず、賃金も雇用者数もほとんど増加せず、製造業での付加価値における賃金シェアは、一九二一年の四五％から二九年の三七％まで低下している（侘美 1994, 一四ページ）。それは、農業不況とあいまって、働く多くの人びとの消費需要を不均衡に抑制することとなっていた。

それをうけて二〇年代半ば以降、アメリカでは独占的大企業の製品価格の維持、生産調整、独占的利潤の確保と、それによる高配当が目立つようになる。好景気は富裕層による高級車、奢侈品、住宅、不動産の購入に、より多く依存するようになり、それとともにニューヨーク株式市場での株式の投機的取引も膨張していった。二四年ごろからアメリカの株価は二九年にかけて、ほぼ二倍半の水準に上昇を続け、物価の停滞、漸落と対照的に、ブローカーズ・ローンの急増をともないつつ、富裕層にかたよった投機的利得と、それによる不動産と株式への投資促進ブームの不均衡な循環を累積させていった。

(2) 世界大恐慌

一九二九年一〇月二四日の「暗黒の木曜日」にニューヨーク株式市場ではじまった株価の大暴落は、相対的安定期の不均衡で不安定性を内包した投機的な活況をいっきに崩壊させ、未曽有の世界大恐慌に転化する発端をなした。もともと資本主義に内在する自己破壊的な恐慌を生じさせがちな不安定性が、金融資本の独占的組織の強化と、それを助長した列強の帝国主義的世界戦争の残した世界経済への不均衡なひずみを介して、先例のない大規模で長期にわたる経済秩序の自己崩壊をもたらしたのである。

すでに、アメリカの金融資本の独占組織の再強化にともない、二〇年代末に株式と不動産の投機的ブームを膨張させる過程で、対外投資も引きもどされて、再建金本位制の基礎とされた戦債賠償の資金循環が、困難をむかえつつあった。ドイツの賠償金支払いをドーズ案から、さらに長期払いに緩和するヤング案が、一九二九年二月以降に提示され、翌三〇年一月に成立した。だが、アメリカの恐慌による資金流入の途絶が、ドイツをはじめヨーロッパ諸国の国際的な資金循環の構造を崩壊させていった。それにともない、ドイツでは三〇年九月から銀行恐慌がはじまり、三一年七月には事実上金本位が停止され、イギリスでも三一年七月から九月にかけての金流出により金本位制から離脱をせまられる。

アメリカでも、三〇年一〇月から翌年二月にかけての第一次銀行恐慌、ついで三一年三月から一〇月にかけての第二次銀行恐慌、さらに三二年一〇月から翌年三月にかけての第三次銀行恐慌が、株式、不動産ブームの崩壊と農業・産業恐慌の進展にともなう銀行の債権・資産の劣化を介して反復され、三三年三月にルーズベルトが大統領に就任すると同時に金本位制を停止するにいたる。

こうした大恐慌の進行過程を累積的に悪化させていったのは、世界的な多角決済機構の崩壊をともなう金融恐慌に、むしろ古典的な金融引き締めで対処していた政府と中央銀行の方針にも由来するところがあった。しかしさらにその背後で、巨大企業の独占的組織が支配する主要産業の耐久財生産が、需要の減少にもかかわらず、販売価格を独占的に維持するために雇用と生産を大幅に縮小させ、そのことが有効需要を累積的に縮小する、いわゆる独占資本の弊害を広げていた。他方で、非資本主義的な農民経営に多くを依存する農業などでは、需要の減少にもかかわらず、生産の調整が容易でなく、競争的に生産を続けて、農産物価格の大幅下落を回避できず、所得の累積的な縮小をまぬがれない農業恐慌を生じていた。

たとえば、アメリカの卸売物価で、二九年から三三年三月までの下落幅は、非農産物では二〇%余りにとどまっていたが、農産物は六〇%余りに達していた。世界市場においても、農産物などの一次産品価格の下落幅は工業品にくらべて大きく、その輸出に依存する多くの途上国にとって交易条件を急激に悪化させ、それらの国々の国際収支危機は、先進国に先行して、いくつかの国に金本位制からの離脱をよぎなくさせていた。

大恐慌は金融と産業との累積的崩壊の連鎖をつうじ、震源地のアメリカでみれば、発端から谷底の三三年三月にかけて、工業生産で五二%幅での縮減、卸売物価総合で三八%幅での低落、製造業における賃金支払い総額で六五%におよぶ削減を記録し、失業率も公的統計で二五・六%に達した（侘美 1994）。資本主義のもとで、資本が生産も供給も調節しえない労働力の商品化を基本前提とする経済秩序の無理は、独占資本の弊害で増幅されつつ、四人に一人をこえる完全失業と多くの不完全就業による生活難の姿で露呈されていたとみてよい。

（3）ブロック経済化から第二次世界大戦へ　世界大恐慌の衝撃は、資本主義世界の多角決済機構を崩壊させ、いくつかの競合するブロック経済へ分裂させていった。まず、イギリスは金本位離脱後、一九三二年のオタワ会議で、特恵関税を軸に、植民地や英連邦諸国をスターリング・ブロックとして、その域内の市場と資源を他国から遮断して、国内不況を緩和する政策に転じた。フランスもこれに続き、三三年にイタリア、ベルギー、オランダ、スイス、ポーランドを同盟国として金（本位）ブロックを形成する。ついでアメリカも北米と中南米諸国をつなぐドル・ブロックを形成する。それらに対抗して、ドイツも中欧・東南ヨーロッパ諸国との広域経済圏の形成をめざし、日本も資源や市場の確保にむけて、台湾、朝鮮に続き、満州などの中国、さらには東南アジアの国々に大東亜共栄圏を円ブロックとして形成し拡大する構想をたてる。

それは古典的帝国主義段階における資本輸出の圏益確保をめぐる植民地・半植民地の列強による分割と再分割の争いを、世界大恐慌の衝撃のもとで、あらためて通貨ブロックの形成による本国経済の経済危機の緩和策として帝国主義的に再現したともいえる。とはいえ、その過程は、資本主義世界から離脱したソ連社会主義の計画経済が、大恐慌の影響をほとんどうけることなく、労働者に雇用と生活の向上を着実に保障して、大量失業の脅威を生じていないことにも重大な挑戦をうけて、あい争う資本主義列強のあいだに、ブロック経済化がすすむなかで、類型を異にする二つの進路を分岐させていった。

そのひとつは、一九三三年三月に就任したルーズベルト大統領が実施したニューディール（新規まき直し）型の進路である。そこでは、民主主義的な政体のもとで、国家が雇用と有効需要の回復のためにテネシー川流域開発公社（TVA）のような公共事業の推進、農業調整法（AAA）のような農民保護、労働者の団結権と交渉権を尊重するワグナー法の制定と社会保障制度の樹立がすすめられた。それは、すでにヨーロッパ諸国で、ワイマール体制に理念として提示されていた社会民主主義を、アメリカが大恐慌の衝撃をうけて、経済回復のためにはじめて導入し現実化するものであって、イギリス、フランス、北欧などの国々の社会民主主義的な経済回復路線とも軌を一にしていた。

その進路は、ケインズ（1936）による新古典派経済学の革新により、管理通貨制のもとでの国家の財政・金融政策の弾力的運用にもとづく雇用と有効需要の回復を図る必要性が認められて、理論的裏付けを与えられることになる。

ニューディールの実施とともに、アメリカ経済はV字型の回復を示した。しかし、独占的な大企業による設備の過剰化と賃金コストの上昇による利潤の圧縮にあって、大企業の大幅な生産調整が一九三七年の恐慌を生じ、大恐慌から最終的には脱出に成功したとはいえない。その最終解決は、一九三九年九月にはじまる第二次世界大戦での軍事スペンディングによらなければならなかったのである。

もうひとつの進路は、一九三三年一月にナチス（国家社会主義）党のヒトラーが政権をえて、ただちに立法・行政にわたる軍国主義的・民族主義による独裁体制を形成し、すでに一九二二年以降、イタリアでムッソリーニのもとで団結を語源とするファシスト党が先行的に実施していた議会政治の否定、社会主義革命の防止と同調しつつ、統制経済により軍事力を強化して、周辺国への侵略政策を強め、広域経済圏をめざしたファシズム路線であった。その路線に日本も加わり、ドイツ・イタリア・日本の枢軸同盟が形成されて、イギリス・フランス・アメリカなどのブロック経済化に対抗し、反発する、対外軍事侵攻による不況対策の強化から第二次世界大戦はさけがたくなっていった。

第一次世界大戦と異なり、この第二次世界大戦は、資本主義内での列強の金融資本の利害をめぐる政治・経済的な抗争にとどまるものではなかった。ソ連型社会主義にいかに対抗するかをめぐる二類型の資本主義世界の分岐が、政治・軍事的な抗争を生ずるとともに、ソ連自体も四一年にはドイツの侵攻をうけて、イギリス、フランス、アメリカなどの連合国の一環に加わり、枢軸同盟国との大規模な世界戦争の重要な一側面を担うこととなった。

世界的な規模で、市民も巻き込んだ総力戦として展開された第二次世界大戦は、軍人と民間人とをあわせて、五〇〇〇万〜八〇〇〇万人の人命の犠牲を生じ、負傷者ははるかにそれを上回っていた。物的損失も当時二兆ドルをこえると推定されていた。一九三九年当時のアメリカの国内総生産（GDP）は二〇〇〇億ドル余りであったから、それとの比較においても、この損失の規模はけたはずれの大きさであったといえよう。

この戦争が枢軸同盟国の敗戦によって終息する一九四五年にいたる危機の三〇年間は、

資本主義の発展がもたらした第一次世界大戦と、その衝撃をうけて生じた世界大恐慌、さらに、その結果としてのブロック経済化の分岐・抗争にもとづく第二次世界大戦の破壊的災厄をつうじ、多くの人びとにとって資本主義の歴史的使命が、すでに終わりつつあるのではないかと思われる深刻な試練の連鎖をなしていた。

2　資本主義先進諸国の高度成長

第二次世界大戦後の資本主義にも危機的試練は続き、むしろいっそう深刻化するのではないか――。ソ連でのアカデミー・経済研究所による『経済学教科書』（1955）は、こうした見通しを強調して、いわゆる全般的危機論を説いていた。そこでは、第一次世界大戦の危機から生まれたソ連の離脱により、資本主義世界は市場がそれだけせばめられて、全般的危機の第一段階をむかえた。第二次世界大戦の終結過程で、ソ連軍の占領下に社会主義国に移行した東欧諸国や北朝鮮、さらには植民地的支配からの解放闘争を経て、社会主義国に加わる中国などの諸国はさらに広がり、市場問題はいっそう激化して、資本主義は全般的危機の第二段階をむかえている、と説かれていた。

こうした見解は、戦後の混乱期にはかなり妥当性が高いものと思われていた。しかし、やがて混乱期が敗戦諸国においても克服されてゆくにつれて、資本主義先進国には逆に、かつてなかったような持続的な高成長が維持される過程が、一九五〇年から七三年にかけて訪れる。

先進資本主義七カ国（アメリカ、イギリス、西ドイツ、フランス、日本、イタリア、カナダ）の年平均実質経済成長率は、この期間に四・五％を記録し、歴史上、成長率が比較的高かった一八七〇〜一九一三年のおなじ国々の年平均成長率二・五％にくらべても、二倍近くに達していた（Armstrong, Glyn, and Harrison,1984）。その間、なんどか生じた景気後退も軽微な成長率の鈍化にとどまり、この時期は資本主義の黄金時代とさえみなされている。

西ドイツ、日本、イタリアの敗戦国からみると、その発端において、当初の工業的復興を許さないきびしい賠償請求が、まもなく大幅に緩和され、むしろ主としてアメリカのマーシャル・プランなどによる経済復興援助対象国のあつかいに切り替えられていった効果も大きかった。それは、あきらかにかつての枢軸諸国を「共産主義の防波堤」とし、資本主義世界を再建しなければならないとする発想が、ソ連圏との冷戦構造により有力となったためといえる。そこには、第一次世界大戦後の国際的戦債・賠償問題がやがてナチス・ドイツの台頭をうながす温床となったという教訓もふくまれていた。

それとともに、第二次世界大戦をつうじ、アメリカは、主要国のなかで例外的に国土に戦禍をうけず、連合国の戦時需要の多くをうけて圧倒的な経済超大国としての位置にたって、資本主義「自由世界」を再建するコストをひきうける経済的な基礎を与えられていた。資本主義世界の鉱工業生産に占めるアメリカのシェアは、戦前の四二%から、一九四六年には六二%に高まり、小麦生産でのシェアも一五%から二九%に増大し、工業と農業で圧倒的に強い国際競争力を実現し、国際金準備の六六%を集中して保有していた。その結果、アメリカは、大規模で国際的な復興援助も朝鮮戦争（一九五〇～五三）などの海外軍事支出も、可能とされていた。のみならず、そのような国際的ドル資金の散布は、波及的にアメリカの輸出を直接・間接に増大させる作用をもともなっていた。

こうしたアメリカの経済覇権を前提に、資本主義先進国はつぎのような四つの基本的枠組みに支えられ、安定的な高成長を持続する。

第一に、一九四四年にアメリカのブレトンウッズで開催された「連合国通貨金融会議」で締結したブレトンウッズ国際通貨体制のもとで、アメリカは一オンス三五ドルでの金ドル交換性を維持し、その他の国はその通貨を対ドル固定相場制とする、安定的な国際通貨の体制が保持されていた。その国際通貨体制は、四七年に発足した国際通貨基金（IMF）と、関税と貿易に関する一般協定（GATT）とに補完されて、各国のインフレを抑制しつつ、自由な通商を拡大する枠組みをなしていた。アメリカにとって、国際競争力が優位にあるかぎり、国際的ドル資金の散布も継続的に貿易黒字をもたらし、金ドル交換性の基礎がそれにより確保された。と同時に西独や日本などにとっては、固定相場は、アメリカの競争圧力に対抗して技術を導入し、生産性向上を図る動因となり、それにより輸出をしだいに容易にしてゆく可能性も与えていた。

第二に、一九二〇年代のアメリカではじまった各種家電や乗用車、住宅などの耐久消費財の多様化、高度化、低廉化を波状的にもたらす産業技術の革新が、軍事科学技術の転用をふくめ、アメリカから資本主義先進国にあいついで設備投資をうながし、経済成長を実現していった。しかも社会主義に対抗するニューディール型資本主義は、労働組合の役割を尊重していた。それにともない、この時期の資本主義先進諸国には、労資協調的に生産性向上の成果を、労働者の実質賃金上昇にほぼ比例的に還元する体制が広がっていった。アグリエッタ（1976）にはじまるフランスのレギュラシオン（調整）学派のいうように、一九二〇年代のアメリカに局所的にはじまっていた高生産性・高賃金のフォード的蓄積様式（フォーディズム）が、資本主義先進国の全体に定着していった。

そのかぎりで、高度成長期の資本主義先進諸国は、経済格差を拡大せず、雇用と実質賃金の上昇をつうじ、その内部から有効需要を拡大し、その意味で内部市場拡大型の成長を示していた。海外投資による鉄道網の世界化を重要な蓄積要因としていた古典的帝国主義段階とは様相が異なっていたといえよう。それとともに、その成長は、エネルギー源や化学工業の原料として、石油多消費型の産業・消費構造を拡大する傾向があった。

この時期に経済政策の支配的な教義をなしていた、ケインズ主義的な国家の上からの財政・金融政策は、戦後の混乱期からの復興過程を除けば、高度成長の実質的な推進力というより、フォーディズムによる有効需要の下からの拡大を補完する副次的役割に回っていた。

第三に、中東などでの油田のあいつぐ開発にともない、バレルあたり一・八ドルかそれ以下の原油が大量に供給され続け、主として途上国からのその他の一次産品も、先進国にとって有利な交易条件で入手され続けた。天然繊維やゴムなどの素材の多くは化学工業の安価な合成素材と競合させられ、食料品などの農産物についても、先進国の化学肥料、農機具を多用する農業の生産性上昇と農業保護政策とにより、途上国にはきびしい交易条件をもたらす傾向があった。その結果、途上国が世界の輸出総額に占めるシェアは一九五〇年の二八・一%から七〇年の一九・七%へ顕著に低落している。

戦後、多くの途上国は植民地体制を打破して政治的には独立をかちとる。しかし経済的には、先進国にたいし周辺国としての従属性を深める一方であり、そこからの脱却は社会主義化による資本主義世界からの離脱しかなく、国連のプレビッシュ報告（一九六四）などの自由貿易体制での近代化路線には期待できないのではないか、とするS・アミン（1970）やG・フランク（1975）などの従属学派の見解も有力視されていた。それだけ先進国には有利な一次産品の供給が構造的に続いていたのである。

第四に、戦後、農村に潜在的に滞留していた相対的過剰人口の存在と農業における生産性の向上とがあいまって、資本主義先進諸国は経済成長の過程で必要とされる雇用の拡大に弾力的に対応する労働力の供給余力にも恵まれていた。加えて、西欧先進国には東南ヨーロッパ諸国から、アメリカにはラテンアメリカやアジアの国々からの移民も流入し続けていた。女性の労働力化率も増加傾向にあった。それらの要因にもとづき、さきの先進七カ国についてみれば、一九五〇～七〇年の二〇年間で約六〇〇〇万人、ほぼ六〇％の雇用の増大が可能とされていた。生産性の上昇とあわせて、七三年までの二三年間にそれら諸国の実質産出高（GDP）は一八〇％増（二・八倍化）を実現できたのである（Armstrong, Glyn, and Harrison, 1984）。

しかし、これら四つの基本条件は、それに支えられた先進諸国の継続的な高度成長における資本蓄積過程によって、使いつくされ、それによって一九七〇年代初頭にかけて、一連の深刻な経済危機を生じてゆく。

第一に、各種の耐久消費財の大量生産を実現した産業技術革新の波がアメリカで成熟してゆき、固定設備の稼働率が、一九五一〜五七年平均の九〇％から、一九六九〜七三年の八〇％へと低下し、設備投資を停滞化させていった。これとは対照的に、西ドイツと日本の産業は、アメリカから導入した技術を洗練して生産性を高め続けた。一九六〇〜七〇年における製造業での労働生産性の年平均上昇率は、アメリカの二・六％にたいし、西ドイツで五・八％、日本では一〇・八％を記録している。

産業諸国のあいだでの不均等発展はつねにみられるが、最先進国の優位はなかなか揺るがないことが多い。しかし、一九世紀末の大不況期にイギリス産業の停滞性が深まるにつれ、ドイツとアメリカの国際競争力の優位性が実現されたように、この時期にはアメリカの主力産業の停滞化傾向が、西独と日本の産業に国際競争力の優劣逆転のチャンスを与えた。ブレトンウッズ体制の固定相場は、日本の輸出産業に当初きびしかった一ドル三六〇円のレートを生産性のキャッチアップとともに、まったく有利な環境に変化させていった。

第二に、西ドイツ、日本の追い上げをうけて、アメリカの貿易黒字は一九六〇年代をつうじ大幅に減少してゆき、七一年以降は赤字に転じている。にもかかわらず、ベトナム戦争への軍事介入（一九六四〜七三）などによる政府対外支出と民間対外投資は増加し、アメリカの国際収支バランスの赤字幅は増大し続け、金ドル交換の公約が維持できるかどうかが疑われていった。

その結果、なんどかの国際的な金の取り付けによるドル危機がくりかえされ、一九七一年八月のニクソン声明により、ブレトンウッズ国際通貨体制の基軸であった金ドル交換が停止される。その後、為替相場の調整幅を広げたスミソニアン協定が成立するが、金一オンス三八ドルとしたドル価値も維持できず、七三年三月には、国際通貨体制は全面的に変動相場制に移行する。その後、各国通貨の為替相場は期待に反し安定性を欠き、むしろ投機的変動性を増してきた。

こうした国際通貨体制の変革過程で、資本主義先進諸国には、通貨供給への国際的な歯止めが失われ、相互に自国通貨の為替相場の上昇による、自国産業への打撃を緩和するために調整インフレを図る金融政策がとられ、通貨信用膨張によるインフレが加速されていった。それにともない、価格の騰貴による差益をえようとする投機的な在庫形成もうながされてゆく。一九七三、七四年には、アメリカ、イギリス、日本などでは物価上昇率が年二〇%前後にまで悪性化し、物価上昇を差し引いた実質利子率がマイナスになる事態も生じた。もっとも通貨・信用の供給増大は、その後の経験にてらしてもつねにインフレを生じ、加速するとはかぎらない。

第三に、この時期に生じたインフレの加速、悪性化は、高度成長期の先進国の資本蓄積が、その基本前提としていた各国内の労働力（商品）の供給余力と、世界市場での途上国からの安価な一次産品の弾力的な入手可能性とを使い果たし、それらの供給余力の限界をこえる過剰蓄積を生じ、労働力と一次産品の相対的不足をまねいたことにも由来していた。そのため労働組合の賃金交渉が容易となり、実質賃金が高騰し、一次産品の交易条件も一九七〇〜七四年に六九％の騰貴を示している。一九七三年一〇月に生じた、第四次中東戦争を契機とする石油輸出国機構（ＯＰＥＣ）による原油価格の四倍への引き上げにともなう第一次石油ショックは、その最終局面にあらわれた決定的な打撃をなしていた。

労働力と一次産品の供給余力にたいする資本の過剰蓄積は、先進七ヵ国の利潤率をそれにさきだつピークから七三年までに、二〇〜四〇％幅で低落させている。資本主義的生産が、その内部で生産しえない労働力と一次産品の商品化に、その発展の基本的矛盾を内包していることは、一九世紀の古典的な周期的恐慌発生の過程でも、労賃と綿花などの一次産品価格の騰貴による利潤率の低落による資本蓄積の困難として、法則的に示されていた。それにともなう好況末期の商品取引における信用の弾力的膨張にもとづく投機的な在庫形成の発展は、金本位制のもとでは、やがて資金市場の需給の逼迫を介して、支払い手段としての貨幣の不足と利子率の高騰を招いた。さらに、その圧迫のもとで、商品供給の全般的な過剰化をもたらし、急性的な商業恐慌、信用恐慌、産業恐慌を一体的に促進していた。

しかし、一九七三〜七五年には、それにさきだつ資本の過剰蓄積による労賃と一次産品の高騰にともなう利潤圧縮の内実は、資本主義の原理的矛盾の発現として同様に生じてはいたが、ブレトンウッズ体制の崩壊過程における通貨・信用の大規模な膨張が、古典的な恐慌とは逆に、通貨としての貨幣の過剰と、商品としての原料・素材や半製品の不足とを悪性インフレの進行過程に生じさせ、再生産を攪乱し、困難とするインフレ恐慌をもたらしたのであった。

それを介し、失業の急増する不況とインフレとの共存するスタグフレーションが生じ、社会・経済的な問題となる。その間、ケインズ主義は、この経済危機の発生を予防も解決もしえず、むしろ財政・金融政策の側面で、インフレを助長する逆進的作用をもたらす弊害を生ずる発想として威信を低下させていった。

3 新自由主義とグローバル化の時代

（1）新自由主義とはなにか　こうしてニューディール以降、現代資本主義の支配的教義とされていたケインズ主義は、それにもとづく雇用政策や福祉政策とともに、一九七三年以降のインフレ恐慌とスタグフレーションの危機のなかで社会的な信認を大きく失い、それにかわり、一九七九年のイギリスでのサッチャー政権、一九八一年の日本での第二次臨時行政調査会（臨調）による行政改革、同じ八一年のアメリカのレーガン政権の発足を契機に、主要諸国の政策基調は新自由主義に転換した。

その結果、もともと競争的で自由な市場経済の自律的な作用にゆだねれば、効率的で合理的な経済秩序が実現されるとし、労働組合や政府の干渉による雇用や賃金の保護的規制を排除すれば、価格の自動調節作用をつうじ、完全雇用も達成されるとみなす、市場原理主義的な（ケインズ以前の）新古典派ミクロ理論が、政策運営の基礎として復活する。反ケインズ主義的で反社会主義的なハイエクの経済思想が再評価され、基本的には新古典派ミクロ価格理論が、それにもとづくマネタリズム、合理的期待形成理論、供給の経済学、実物的景気循環論といった、いくつかの現代的類型により、市場原理主義的な新自由主義の論拠とされ、政策運営に利用されてきた。

その具体的な内容において、新自由主義政策は広範な分野におよんでいる。しかし、一九八〇年代前半に、アメリカをはじめとする資本主義主要国は、マネタリズムにしたがい、通貨供給を経済成長率にあわせて抑制し、利子率の上昇と雇用、賃金への悪影響をも介し、インフレを鎮静するとともに、基本的には、つぎのような発想と特徴を示し続ける。すなわち、自由で競争的な資本主義的企業の活力再生のために、ケインズ主義的な雇用政策や社会民主主義的な福祉政策による所得再配分の負担や規制、あるいは公的サービスを縮小し、法人税や富裕者への高率の限界所得税、相続税を軽減し、小さな政府をめざす。そのような発想のもとで、公的企業と公的サービスを民営化し、七〇年代以降の連続的な経済危機にともなう国家財政の危機の深化に緊縮と安定化を求め、私的営利企業への、とくに労働市場や金融市場などにおける社会的観点からの規制を緩和し撤廃してゆく。

こうして新自由主義は、民営化、緊縮財政、規制緩和の三面を経済政策の特徴的な内容として、第一次世界大戦後の現代資本主義が、社会主義に対抗しつつ、大恐慌の教訓に学び、国家の雇用・福祉政策を拡充し、労資協調体制を尊重してきた歴史の歩みを大きく反転、逆流させた。それは、重商主義的な国家の経済政策や規制を、産業資本の確立とともにあいついで排除し小さな政府を実現していった、一九世紀の古典的自由主義政策への転換を、現代的な文脈のもとで再現しているともいえる。

こうした現代的な新自由主義への政策転換は、経済思想や経済理論の交替のみに由来するものとはいえない。この政策基調が継続された背後には、つぎのような資本主義の変容が、それを支える適合的な経済的土台の役割を果たしてきたことを、軽視してはならない。

すなわち、高度成長期の先進諸国のフォード的蓄積体制を支えていた、大量生産のための各種耐久消費財の重厚長大型の設備投資をあいついで誘発していた産業技術が成熟し、その後、危機と再編の過程で、マイクロエレクトロニクスの発達にもとづく情報技術（ＩＴ）の普及と高度化が、資本蓄積に広範な影響をおよぼす時代をむかえた。それにともない、先進国の資本主義は、労働市場の競争的な再編、企業の多国籍化とグローバリゼーション、金融市場の役割の増大（金融化）をあい関連した市場経済再活性化の三面として再編をすすめてきた。新自由主義は、それにともなう資本主義の変化に適合的な政策をなし、その変化を促進してきたのである。

こうした新自由主義的資本主義は、さらにつぎの二つの世界的な政治・経済秩序の劇的変化をも誘発し、それによって、その基調を補強してきた。

そのひとつは、後に第６章でも考察するように、ソ連型社会主義が、ＩＴの各種消費財への適用、普及に大きく後れをとり、経済成長の「摩滅」鈍化をさけられず、民主化を求める民衆の運動に経済体制改革が対応しえないまま、一九八九年の東欧改革と一九九一年のソ連解体により崩壊したことである。それは、東西冷戦を解消し、これに先行していた中国の一九七八年以降の改革開放政策とあいまって、資本主義の新自由主義的グローバリゼーションを文字どおり、地球規模に再拡大せしめた。同時に、第一次世界大戦後の社会主義に対抗する資本主義への側圧からも求められていた、社会民主主義的な雇用政策や福祉政策を縮小する新自由主義への展開に、きわめて有利な地政学的変化をなしていた。

もうひとつは、一九九三年のヨーロッパ連合（EU）発足と成長である。第二次世界大戦後の冷戦のもとで、東西両大国に対抗できるヨーロッパ経済共同体（EEC）が一九五八年に六カ国で発足していたが、一九九二年のマーストリヒト条約までにイギリスをふくむ一二カ国に参加国を拡大した。二〇〇二年からは共通通貨ユーロも使用されるようになる。さらに二〇〇四年には旧ソ連圏であった中東欧八カ国を含む一〇カ国の加盟も実現され、二〇〇九年までに二八カ国を有する巨大経済圏が形成される。その域内では、関税を廃止し、投資や通商、労働者の移動も自由化する新自由主義的な経済統合がすすめられた。

その内部には、スウェーデンなど北欧型福祉国家の特性を、労働者の転職にさいしての再教育や生活保障のしくみに活かしている国々もふくまれる。しかし、EU全体の経済政策として、各国に財政赤字はGDP比三％以下、政府累積債務残高はGDP比六〇％以下に抑制するよう緊縮政策を強いている。ユーロ圏内の国々にとっては、その基準は、ドイツのように生産性をあげやすい先端的工業に特化し、しかも雇用条件を抑え込んだ国には(固定相場制の場合と同様に) 有利に作用し達成されやすい。しかし、逆に生産性をあげにくい農業やその加工品、観光業などに特化しているギリシャなどの周辺国には、経済政策の自主権を奪われた制約とみなされやすい。それらの国々から、とくにサブプライム世界恐慌（二〇〇八年）の打撃のもとで、民衆による反緊縮政策の要求が強化され、ユーロ離脱や、自国通貨の復活の可能性などが、新自由主義的な国際制約への代案として提起され、ユーロ危機を生じている。

（2）労働市場の再編とグローバリゼーション　新自由主義の有力な経済基盤をなす情報通信技術の高度化と普及は、工場でも営業や事務の職場でも、経験や熟練を不要化するオートメーション化をうながした。そして、多くの職種を安価で弾力的に、雇用の調整や交替の可能なしごとに変化させ、パート、アルバイト、派遣など非正規の有期雇用を増大させてきた。次章でみるように、日本でもその傾向は顕著である。労働者保護の各種規制の新自由主義的な緩和や廃止が、この趨勢に対応するとともに、それを助長してきた。

こうした雇用の非正規化、有期化にともなう、働く多くの人びとにとっての賃金所得の低下・停滞・不安定化は、先進諸国に広がる新自由主義的な雇用関係の個人主義的再編に共通の特徴をなしている。情報技術による生産性の向上にもかかわらず、労資協調的な高生産性・高賃金のフォード的蓄積体制は崩されて、付加価値にしめる労賃シェアは低下傾向をまぬがれず、若い世代に安心のゆく就職口がえられにくい困難が増している。

それは、一九七〇年代初頭に先進諸国で、労働力の供給余力をこえる資本の過剰蓄積をもたらし、人手不足が深刻化し、実質賃金も大幅に上昇して、その結果生じた利潤の圧縮をともなう資本蓄積の危機を、それに続く長期不況のなかで、IT合理化により反転させ、資本に有利な相対的過剰人口を大規模に再形成する動態が、構造的に長期にわたり進展していることを示している。

伝統的に戦闘的労働組合運動の重要な基盤をなしていた、公共セクターにおけるアメリカでの航空管制官ストへのレーガン政権の弾圧（一九八一）に続く、イギリスでの炭鉱労働者の民営化反対ストへのサッチャー政権の強力な抑圧（一九八四〜八五）、日本での国鉄、電電、専売の三公社民営化（一九八五〜八七）による総評労働運動への大攻勢は、いずれも新自由主義的な労働市場の再編に、公企業の再編・民営化路線が戦略的に役立てられた事例をなしている。

私的営利企業に有利な、競争的で個人主義的な労働市場への再編をすすめ、公的企業も公的サービスも広く民営化して、民間企業の投資分野を拡大する新自由主義の政策方針は、さらにグローバルな規模でも実現された。とくに国際通貨体制の変動相場制への移行にともない、主要諸国は金や外貨準備の制約から離れ、資金や資本の対外流出への規制を緩和し自由化しうるようになった。そのことがITの発達とあいまって、主要国の資本主義企業の営業と投資活動の多国籍化、グローバリゼーションを大きく促進してきた。

古典的帝国主義段階における資本の輸出が、主要諸国の金融資本による海外鉄道網の敷設に重点をおき、その圏益確保をめぐる列強間の帝国主義的対立をまねいたのにたいし、現代の資本主義の対外投資は、広範な産業、商業、金融、各種サービスなどの分野にわたり、包括的な多国籍企業化を、先進国の間でも、途上国との関係においても展開するものとなっており、かならずしも帝国主義的対立を列強間に生ずるものとはなっていない。いくつかの途上国に生じている反資本主義的で民族主義的な闘争やテロには、アメリカを中心とする帝国主義的な武力介入や鎮圧がくりかえされてはいる。だが、それを矛盾した一面としてふくみつつ、むしろ自由で競争的な市場秩序に国際的な投資活動もゆだねようとする世界貿易機関（WTO）に、途上国の多くも参加するよううながし、その加盟国は二〇一七年に一六四カ国におよんでいる。

こうした新自由主義的グローバリゼーションのもとで、中国をはじめ多くのアジア諸国は、先進国からの多国籍企業の投資を積極的にうけいれて、工業化と経済成長をすすめる傾向を顕著にしてきた。その反面で、先進諸国の資本主義は、生産拠点や営業活動の多くを途上国に移すことにより、いわゆる産業空洞化の傾向を強めた。それは資本に利用可能な安価な産業予備軍を国際的な規模で再拡大し、それによって先進国内部の労働市場にも競合的な雇用条件切り下げの圧力を構造的に加えることとなっている。

こうしてみると、新自由主義的な規制緩和、民営化、グローバリゼーションは、いずれも資本に有利な労使関係の再編に連なる作用を果たしてきたことがわかる。

(3) 金融化資本主義とその不安定性　新自由主義のもとでの資本主義的企業のグローバリゼーションは、国際的な資金と資本の移動をめぐる金融の規制緩和、自由化を要請し、またそれによって促進されてきた。

ことにサッチャー政権が金融自由化に向けて、一九八六年に実施した証券取引所への銀行資本の参入などを認めた金融ビッグバンは、ロンドン金融市場の国際的な再活性化をうながし、世界的にも金融化資本主義といわれる金融業の顕著な興隆をまねく重要な契機となった。ITがそのような金融取引の膨張と加速に適合的な新たな技術的基礎を与えた。

アメリカでもそれをうけて、大恐慌の苦い教訓から制定された、銀行と証券の業務の分離を原則とした一九三三年銀行法(グラス・スティーガル法)が、一九九九年に廃止されて、銀行、証券、保険などの分野を兼業する投資銀行などの総合金融サービスを自由化するグラム・リーチ・ブライリー法が実施される。それと前後して、一九九六年以降、日本でもほぼ同様の方向に、金融の自由化がすすめられた。

こうした金融の規制緩和は、すでに変動相場制による国際的な通貨取引の自由化から進展していた金融のグローバリゼーションをさらに推進した。それにともない、各種の金融証券や、そのさまざまな組み合わせにより組成される証券類の国際取引を活性化して、伝統的な貸付利子と預金利子の差益にとどまらない、各種証券の発行や取引の手数料、保険料収入、売買差益などの収益増加を金融業にもたらした。たとえばアメリカでは、金融会社の利潤総額は非金融会社のそれとくらべ、一九七〇〜八〇年には五分の一程度であったが、二〇〇〇年には二分の一に達し、さらには七割近くにおよぶ年もみられるようになっている（Glyn 2006, 邦訳六五ページ）。それは新自由主義的資本主義の金融化資本主義としての特徴を明示するところといえよう。

金融取引とそれをあつかう金融会社の収益の増大は、先進諸国の産業的な投資と雇用を増進する役割を果たしてきたとはいえない。先進諸国の重要産業を担う企業は、IT化により労働生産性を高めながら、投資単位は軽薄短小化して、自己金融化を強め、雇用や労賃を抑制して、結果的に消費需要とそれに連動する国内投資需要の回復を困難とし、不況基調を容易に脱しえない傾向を生じさせてきた。そこで、金融部門には過剰な資金が累積し、しばしば株式や不動産の投機的取引に流入して、（実体経済から遊離した投機的）バブルを膨張させては一時的な景気回復をもたらし、ついで、その崩壊により産業や雇用にまた破壊的作用を与える事例がくりかえされてきた。そのさい、労働者家計にも住宅金融のようなローンが広範に売り込まれ、労働力の商品化の無理に、現代的な労働力の金融化による搾取・収奪が追加され、バブル崩壊の打撃を深刻化している側面にも注意を要する。日本に一九八〇年代末に生じた巨大バブルとその崩壊、一九九七年のアジア通貨危機、二〇〇一年のアメリカでの（情報技術関連株をめぐる）ITバブルの崩壊、さらにアメリカを震源地とする二〇〇八年のサブプライム世界恐慌は、いずれもそのような投機的バブルとその崩壊のリレー的反復事例をなしており、新自由主義的な金融化資本主義に内在する深刻な不安定性を露呈するところとなっている。とくに多くの働く人びとの経済生活におよぼすバブル崩壊の衝撃の反復は、現代社会の生活基盤に多大な反省をせまるところがある。

4　先進諸国の衰退と深まる多重危機

（1）先進諸国の衰退　新自由主義のもとで、資本主義の中枢部をなしてきた先進資本主義諸国は、競争的で自由な市場経済による効率的で合理的な経済秩序の再生をめざし、民営化、規制緩和、財政の緊縮をくりかえし試みてきた。しかし、それにともなうグローバリゼーションも金融化も、先進国に活力ある安定した経済成長をもたらしているとはいえない。むしろ雇用と景気動向の不安定性を高めつつ、成長率もあきらかに鈍化している。一九七五〜二〇一五年の四〇年間における先進国の平均所得の増加率は、一〇年ごとの平均年率で二・四→二・〇→二・〇→一・〇%と低下し続けている（八尾2012, 六二ページ）。

しかもその過程で、新自由主義的資本主義は、つぎの三面にわたり折り重なった危機的課題を深刻化している。

第一に、T・ピケティ（2014）が、長期統計資料を収集してあきらかにしたように、先進資本主義諸国をつうじ、一九八〇年代以降、富と所得の格差再拡大の傾向が顕著となっており、第一次世界大戦から高度成長期までにみられた格差縮小の時期が反転し、それ以前の格差の水準に近づくU字型カーブが検出される。すなわち、利潤、利子、地代、家賃などの不労所得をもたらす各種資産の国民所得にたいする比率は、第一次世界大戦前までは六〜七倍だった水準から、その後、三〜四倍程度まで低下していた。ところが、その比率が一九八〇年代以降ふたたび六〜七倍に回復し、その資産の利回りが五%とすれば、国民所得の三〇〜三五%は資産所有者に不労所得として取得されることになる。しかも、そのなかでもトップ一%の最上層に富と所得が集中される傾向が強い。

新自由主義的な法人税、所得税、相続税の軽減、規制緩和による国際的な資産運用の自由化などが、富裕者への富と所得の集中を促進したことはあきらかである。それとあわせて、バブル崩壊のさいにも、金融機関や大企業には、富裕者に有利な公的融資や救済資金の投入がくりかえされてきた効果も見逃せない。それは、アメリカで二〇〇万戸をこす人びとを追い立てたサブプライム恐慌における住宅ローン支払い不能による住居の差し押さえには、ほとんど実効ある公的救済措置がとられなかったことと対照的に不公平であり、「われわれは九九％だ」とするウォール街からはじまる街頭占拠での抗議行動を誘発することにもなった。

実際、ピケティは主として社会の中層部から上層への富の集中がすすんでいることに注目しているが、この間の経済格差の拡大は、より広範な作用をともない、とくにＩＴ化にともなう非正規雇用の激増、個人単位に分離された職場や生活様式の拡大をつうじ、ワーキングプア、一人親世帯の子どもの貧困、年金が十分でない高齢者などの新たな貧困問題を増加させている。

第二に、そのことにも関連し、先進国の多くに少子高齢化がすすみ、人口減少化が進行している。もともと資本主義は、それにさきだつ封建社会までの共同体的な慣行や規制のもとでの人口抑制から人びとを解放し、医療や衛生も改善して、人口の急速な増大をもたらし、それを経済成長の重要な基礎のひとつとしてきた。その傾向が鈍化、反転し、（多民族国家アメリカを顕著な例外とはしているものの）先進国の多くで、一九七〇年代以降、女性の合計特殊出生率（生涯での平均出生率）が二未満に低下して、少子化がすすんでいる。二一世紀半ばまでには、先進国における総人口は減少しはじめるとみられている。日本にはとくにこの傾向が顕著に進展している。

社会の基礎となる人口を減少させないことは、あらゆる社会形態をつうじる経済生活の原則ではなかろうか。日本をはじめ先進国の多くでは、この経済原則が毀損されているのである。それをうけて、最近の歴史人口学では、第2章の2でもみたような新たな「人口転換の法則」が提唱されている。すなわち社会は、多産多死で人口が安定していた段階から、経済発展がはじまると、多産少死に移行して人口爆発をみるが、やがてある時期から少産少死への移行が生じて人口増加率が下がり、少産少死で人口がふたたび安定化する段階にいたる。これが自然の経路である、というのである。

しかし、こうした見解には、マルクスがマルサスを批判して、「どの歴史的生産様式にも、それぞれに特殊な歴史的に妥当する人口法則がある」と述べて、資本蓄積の動態が、その内部から労働者の相対的過剰人口やその貧困化を生じ、その吸収と反発の法則的交替を生ずることに考察をすすめるとともに、あわせて人口増加の速度の変化にも歴史的・社会的な現象として注目していた見地が重視されなければならない。すなわち、人口の絶対数の増大から減少への転換も、自然法則としてではなく、資本主義の動態の変遷と関連した特殊な歴史的転換として解明されなければならないはずである。

大きくみると、資本主義は、共同体的諸社会のあいだの交易関係から生じていた商品経済のしくみを、社会内部の編成原理に転化して、地域共同体や家族共同体に解体作用をおよぼして、自由な個人の平等な商品取引を経済生活の基本秩序に浸透させてきた。その過程で、共同体的規制による人口抑制のしくみも除去されて、多産少死による人口急増も生じ、労働力（商品）の供給余力の面からも、市場の拡大の面からも、資本主義経済の成長を促進する効果を生じ続けていた。その過程で、農村部から都市部に大規模に人口が移住するにつれ、日本でも高度成長期にみられたように、かつての三世代大家族が二世代の「近代的」核家族に分解されて、世帯単位での住宅や、その他の耐久消費財の市場を拡大した。しかし、ついで高度成長のゆきづまりから生じた危機と再編のなかで、IT化にともなう個人主義的な消費・労働市場の再深化をつうじ、核家族が核分裂したようなシングルスや一人親世帯の増加をもたらし、出生率の低下による少子化と、それにともなう社会衰退の危機をまねいているといえよう。その意味で、資本主義は共同体の分解作用の過度の成功から、逆説的に、その社会的基盤の破壊と衰退を生じさせているといえるのではなかろうか。新自由主義のもとでの医療費、養育費、教育費の公的なサービスや支援の削減と、個人負担の増加が、その傾向を助長していることも明白である。

そこに資本主義にとっての矛盾の根源をなす、労働力の商品化の無理の現代的あらわれの顕著な一面がある。それは、けっして自然法則の結果ではない。と同時に、このまま放置してなりゆきにまかせれば、やがて人口がふたたび少産少死で安定化する保障もまったくない。市場経済の自動調整作用をこの問題に想定することはできない。人間は商品として生産され、市場での価格変動にしたがい供給を調整されるモノではありえないからである。

第三に、資本主義はその発展をつうじ、人間社会の内的自然としての人間の再生産自体を困難にするとともに、外的自然をも荒廃させ、損なうエコロジカルな危機を深化させている。

その顕著な事例のひとつに、資本主義がその発達をつうじ大きく依存してきた石炭、ついで石油などの化石燃料消費の増大にともなう地球温暖化問題がある。その根本をなす温室効果ガス削減への国際協力が容易に実現していない。一九九七年の京都議定書において、その必要性は国際的に合意されていたにもかかわらず、各国ごとの温室効果ガス削減の義務化交渉はまとまらず、ことにサブプライム世界恐慌の打撃もうけて、その交渉はゆきづまる。それをうけて二〇一五年末の気候変動枠組条約第二一回会合（ＣＯＰ21）で成立したパリ協定は、今世紀後半のうちに気温上昇二度未満に抑えることを、従来どおりの目標としつつ、さらに一・五度未満を努力目標とした。しかし、各国が示している努力目標の現状は、大幅にこれと乖離し、三〜四度の上昇を予想させるメガトン・ギャップがみられる。各国の対応はむしろ気温上昇のリスクを想定した適応や被害対策にむけられるおそれも高い（古沢広祐 2016）。二〇一七年に就任したアメリカのトランプ大統領のパリ協定からの離脱宣言は、国際世論に反し、地球環境の危機を顕著に深めるおそれを増すところといえる。

原子力発電は化石燃料にかわるクリーンエネルギーといわれてきた。しかし、二〇一一年三月の東京電力福島第一原子力発電所の事故は、世界に衝撃を与え、これを機に、ドイツ、イタリア、スウェーデン、ベルギー、オーストリア、オーストラリアなど、国民投票なども経て、脱原発路線に踏みきった国も多い。それも資本主義がもたらしている重大な自然環境の破壊の脅威に対処する選択を、アメリカの核戦略グローバルガバナンスに反して、世界の多くの民衆が示しているところである。ところが、震源地の日本では、多くの民衆の脱原発への願いや社会運動が活かされず、二〇一二年一二月の総選挙で政権についた安倍内閣のもとで、むしろ原発のプラント輸出や、国内原発再稼動が推進されている。その背後には、アベノミクスの財政、金融、産業政策にわたる三本の矢の効果に内外からの疑問が高まるなかで、平和憲法を改定し、軍事産業、兵器輸出に期待をかけ、原発技術もそれに転用しようとする意図も伏在しているのではないか。

いずれにせよ、脱原発に進路を切り替えた国々にくらべ、日本やアメリカではあきらかに地産地消型の風力、太陽光、水力、地熱などによるソフトエネルギー開発に大きく後れをとっている。そのことは、パリ協定が期待している地方自治体の協力やそのもとでの地域社会住民の参加によるボトムアップ型の地球温暖化対策にも、ひいては地域の自然環境保全にも障害を生ずるおそれがある。

こうして先進諸国の資本主義は、新自由主義のもとで社会的な規制から解放されて、かえって本来的な、その動的発展に内在する矛盾を現代的様相のもとにあらわにし、社会構成員の経済生活に格差と不安定性の拡大、内的自然としての人間と外的自然への荒廃作用を強め、多重危機のもとで未来への閉塞感を増し、経済秩序としての限界と衰退傾向を示しているとみなければならないであろう。

(2) 途上諸国の分化と高成長　資本主義世界の中枢部をなしてきた先進諸国が、こうして新自由主義のもとで不安定で格差拡大をともなう衰退傾向を長期的に脱しえないなかで、対照的に周辺途上諸国には、一連の劇的変化が生じている。高度成長期には、途上国の多くは、政治的に植民地体制を打破して独立を達成しながら、先進国との交易関係において、低開発性を脱しえない交易条件の悪化になやまされ続け、経済的従属構造のもとにおかれていた。しかし、先進諸国の経済危機と再編の反復過程で、つぎの三類型に分化する。

第一に、石油輸出国機構（ＯＰＥＣ）の主要構成国である中東の産油諸国は、一九七三年秋からの第一次石油ショック、ついで一九七八年一〇月以降のイランでのイスラム革命を契機とする第二次石油ショック以降、なんどかくりかえされてきた大幅な原油価格の高騰により、一種のグローバルな地代にあたる巨額のオイルマネーを獲得し、特異な姿で富裕化した。その結果、中東の産油国の多くは、税金も教育費も無料化し、しかも労働者の三割程度は公務員とし、国民に手厚い生活保障を与えている。にもかかわらず、資本主義的な諸産業の移植・発展への試みには、成功していない。

そのため、膨大なオイルマネーは、先進諸国の金融市場に還流して、新自由主義のもとでの金融業の肥大化、それにともなう投機的バブルの膨張と崩壊に重要な一役を演じ、世界経済的にもむしろ不安定要因となっている。中東産油諸国が　こうしてレンティア国家化し、資本主義の内的発展に困難をみているのはなぜか。興味深い問題といえる。通常、その原因として、この地域における近隣貧困国との複雑な関係をふくむ戦争や内紛の連続による政情不安、イスラム教の影響などが強調されることが多い。

しかし、そのような政情の不安定化や、そのなかでの宗教原理主義への依存と関心の高まりも、資本主義経済をめざしながら、それに成功できないことに起因しているともいえないか。少なくとも、アメリカを中心とする先進諸国からの武力行使をともなう戦争や内紛への干渉の反復は、石油の安定的供給の確保に深い関心をよせる、先進諸国の多国籍企業の利害にそうものではあっても、中東地域の基本問題に解決をもたらす方策とけなりえていない。

たとえば、一九世紀前半のアメリカには土地の私的所有が全面的には確立していないために、多くの労働者が容易に独立自営農民となれたので、資本主義が基本前提とする、労働力の商品化による賃金労働者の確保に多大の困難があって、資本主義の社会的な形成をさまたげていた。マルクスは『資本論』第一巻の最後の第二五章で、その事実を指摘して、それにさきだつ第二四章でのイギリスを主要な例証として、農民からの耕地の収奪により土地の私有化を社会的に実現して労働力の商品化をおしすすめた、資本の原始的蓄積過程の意義を対比的にあきらかにしている。中東産油諸国はレンティア国家化するなかで、労働力の商品化を別の形態においてではあれ、やはりさまたげているのではなかろうか。そうだとすれば、そのような特異な富裕国家の社会的な安定と成長への道筋は、資本主義に求めるべきではなく、実は資本主義をこえる選択肢が必要とされているのではなかろうか。

第二に、世界の国家の総数のうち二〇一四年の段階で、なおほぼ四分の一を占める四八カ国は、一人あたり国民総所得（GNI）で、ほぼ一〇〇〇ドル未満の最貧国ないし後発途上国（LLDC）とみなされている。原油価格の高騰も、それらの国々には深刻な打撃となり、累積的国際債務の重圧をうけていることが多い。そうした最貧国の三四カ国がサハラ以南のアフリカにある。アジアにもアフガニスタン、イエメン、カンボジア、ネパール、バングラデシュ、東ティモール、ブータン、ミャンマー、ラオスの九カ国を数える。そこでは、しばしば内戦、自然災害、飢餓も深刻で、高度成長期に続き不利な交易条件のもとで、低開発性の構造的存続からの脱却が容易ではない。その意味で、その解決は少なくとも新自由主義よりはるかに広い選択肢を視野に入れて、探られてゆくことにならざるをえないであろう。

とはいえ、第三に、かつての第三世界のかなりの部分に、先進国の多国籍企業の投資を積極的にうけいれつつ、高度成長期にはみられなかったような顕著な経済成長を実現する諸国も増加している。とくにアジアには、そのような国々が多い。第一次石油ショックの後にも、アジアの新興工業地域（NIEs）といわれる韓国、台湾、香港、シンガポールは、一〇％近い実質年成長率を維持し、ついで東南アジア諸国連合（ASEAN）を形成するマレーシア、タイ、インドネシア、フィリピンがこれに続いた。一九七八年以降の改革開放政策のもとに世界最大の人口を有する中国がそれらの国々に加わり、三〇年間にわたり年率一〇%前後の高成長を続けた。中国の高成長は、サブプライム世界恐慌以降やや鈍化してはいるが、それでもなお六・五%程度の成長は継続し、二〇一〇年には国内総生産（GDP）の規模で日本を抜き、アメリカにつぐ世界第二の経済大国となっている。世界第二の人口を有し、さらにやがて中国をこえる人口大国になるとみられるインドも、これに近い高成長を示しつつある。

各国通貨の購買力平価で比較すれば、実質GDPでは、すでに中国は一九九二年に、インドは二〇〇六年に日本をこえていたと推計され、世界経済に占める途上国のシェアは、一九五〇年当時の四〇%から二〇五〇年には八四%となり、先進国のシェアはわずか一六%に低下するとみつもられている（八尾 2012, 三一、六二ページ）。巨大な人口をかかえる中国、インドなどアジア途上国の成長は、いまや生産拠点としてのみでなく、巨大な消費市場としても資本主義世界の成長センターの役割を担いつつある。

これらの国々をユーラシア大陸に広がる「シルクロード経済ベルト」の主要な担い手として結びつけようとする、中国の習近平国家主席のもとでの「一帯一路」構想にしたがった鉄道、高速道路、海上輸送路のインフラ整備に国際協力を集結させようとする雄大な試みが世界の関心を集めている。この企画にむけて、二〇一五年末に発足したアジアインフラ投資銀行（ＡＩＩＢ）は、一〇〇〇億ドルの資金を結集しつつある。これに多くのアジアの国々のみならず、中東諸国、ロシア・東欧、イギリスをふくむ西欧主要諸国の参加をもえて、雄大な構想は具体化されつつある。このＡＩＩＢに参加を見送っているアメリカや日本は、この巨大な地政学的革新の試みの進展に大きく立ち後れるおそれも懸念されている。

（3）資本主義のゆくえ　こうしてみてくると、資本主義世界は、新自由主義のもとで、社会主義との競合関係やその影響もうけての社会民主主義的な規制からあいついで解放されて、自由で競争的な市場にもとづく活力を再生させる試みを進展させながら、逆説的に、その中枢部をなす先進諸国にむしろいくつかの側面から多重危機と、そのもとでの衰退傾向を深化させてきた。

そこからの脱却への期待もかけられていた、ＥＵやユーロ圏の大規模な超国家的地域統合の進展も、少なくともその新自由主義的形態での制約のもとでは成功をおさめていない。とくに若い世代にきびしい就職難や雇用関係の不安定性に、的確な政策対応が困難とされ続けている。ギリシャなどからユーロ圏離脱の可能性もあらためて探られるようになったが、ギリシャは当面はＥＵ内にとどまる妥協をせまられた。だが、イギリスは二〇一六年六月の国民投票で、ＥＵ離脱を選択するにいたる。それをうけて日本が推進していた環太平洋経済連携協定（ＴＰＰ）も、アメリカ内部からの異論が強まり、トランプ政権によるアメリカ・ファーストの方針による国内雇用を重視する路線により、いったんは挫折している。

こうした動向には、新自由主義的グローバリゼーションの方針への反省が、先進諸国内の雇用問題をめぐり生じつつあると読むこともできる。と同時に、第二次世界大戦後に資本主義世界の先進モデルとなり続けてきたアメリカ資本主義の、覇権国家としての地位が、ソ連崩壊により一時再強化されながら、あらためて大きく揺るがされ、限界を露呈しつつあることも認められる。ことにサブプライム恐慌の震源地となったアメリカには、それへの対策もふくめ、かつてのニューディールに匹敵する世界の先進的モデルとしての役割は──とくに二〇〇九年にサブプライム恐慌からの回復を期待されて大統領に就任したＢ・オバマの当初提唱していたニュー・ニューディール政策が財政危機を理由に押し戻されて以降──失われ、閉塞感が深い。

それにかわり、興隆著しいＢＲＩＣＳ（ブラジル、ロシア、インド、中国、南アフリカ）など大規模な人口を擁する途上諸国には、これからの世界の進路が大きくゆだねられる先端モデルとしての役割が増してゆくのではないか。なかでも中国は、内部の労働力の供給余力、多様な産業の集積と高度化の可能性に富んでいる。また相対的に安定した共産党政権のもとで、「一帯一路」構想のような大規模な世界戦略を提起し、長期にわたる巨額の社会的な投資を推進する政治・経済的な基盤も有し、これからの世界的な歴史の歩みにその影響力を増してゆく公算が高い。

資本主義のゆくえは、かつての米ソの東西冷戦構造にかわり、衰退しつつある覇権国家アメリカに挑戦する中国の進路に、大きく関わることとなってゆくであろう。その高成長は、資本主義世界の新自由主義的グローバリゼーションの流れにそって、以前は、人民公社の組織形態に依拠していた国内産業を、自由で競争的な市場経済に改革・開放して、多国籍企業の投資を歓迎し、多くの公企業を民営化し、貧富の格差増大を容認して、労働市場を拡大しつつ実現してきた。その意味で、中国経済の体制改革も、資本主義先進国から広がる新自由主義的資本主義の発展の一環をなし、その成功例ではないか、とさえ解釈されかねない側面もみせている。

そのような側面を新自由主義的に強調する見地からすれば、中国の高成長が、強固な共産党政権のもとに、一九九三年改正の憲法においても社会主義市場経済の建設を国是とし、いくつかの重要な産業分野に公的支配を可能とする株式持ち分を戦略的に保持し続け、土地の全人民所有の社会主義的原則も堅持されている側面は、資本主義ではありえない政経両面の不整合であって体制改革の遅れを示すところで、早晩払拭されてゆくはずであるとみなされやすい。

しかしそのような見方は、おそらく適切でない。先進諸国の新自由主義的資本主義が衰退傾向を示しているのに、そのかたわらで中国が高成長を実現しているのは、むしろ共産党政権のもとで、土地の全人民所有の原則を活かして、港湾、工業団地、経済特区、高速道路や鉄道網などのインフラを公的に中央政府と地方政府とがととのえて、市場経済の急速な成長を誘導したことによるところが大きい。貧富の格差はたしかに拡大しているが、たとえば改革開放政策の発足とともに、中国は、一九八〇年代には農産物価格を高めて、耕地の責任請負制による農家の所得を保証しつつ、農業に活力をあたえ、ついで農村部に協同組合的郷鎮企業の設立をうながして、ほぼ一億人の就業機会を創出していた。同時に、沿岸都市の繁栄を内陸部にもおよぼしてゆく経済戦略を重視し、さらにサブプライム世界恐慌の打撃にも農民家族に手厚い所得再配分を与えて、内需を確保する政策をとっている。それらは新自由主義的な政策とはとてもいえないところであり、しかも中国経済の成長を支えるうえで重要な役割を果たしたことに疑いはない。異質の社会主義的市場経済を理念とし、その実質を重要な一面として活かした中国経済の複合的で多様な側面は、複雑で多様なユーラシア大陸の国々の国際協力のもとに、「シルクロード経済ベルト」建設をめざす構想において、実践的にむしろ適合性が高いのではなかろうか。

そのような試みのなかから、これまでの資本主義の中枢先進諸国に新自由主義のもとで生じてきた多重危機と衰退傾向による歴史の閉塞状況が、どのようにのりこえられてゆくか。多様な潜在的可能性と、それをめぐる広い選択肢に視野を広げてゆかなければならない。世界史のうえでの大転換の時代をわれわれは、ふたたび迎えているのではなかろうか。

第5章

日本資本主義、その成長と衰退

1 後発的資本主義化の挑戦

日本は明治維新（一八六八）を画期に、後発国として近代西欧社会の先進的な政治経済システムに学び、その発展に追いついてゆく挑戦を開始した。その変革は、旧幕藩体制を解体して近代的な中央集権国家を形成しつつ、封建的な士農工商の身分支配から、基本的には四民平等の人格的な自由を経済生活の基本として認め、それによって市場経済社会としての資本主義の発達に不可欠な前提をととのえてゆく過程となった。

すでに欧米では、資本主義が発生期の重商主義段階と成長期の自由主義段階を経て、帝国主義段階に移行しようとしていた時期に、日本はまったくの後発国として、鎖国を解き、自由通商をせまられ、政治経済体制の近代化の課題に挑戦する立場におかれていた。そのさい、欧米列強との間に、幕末に結ばれた不平等通商条約（一八五八）のもとで、明治政府は、西欧諸国とは異なり、関税収入により富国強兵をめざす方策は選べなかった。

強固な官僚と軍隊をととのえ、近代的産業の移植をすすめるための主要な財源は、当初、幕藩体制下と同様に現物での年貢に依拠していたが、やがて現金で地価を基準に土地所有者から徴収する地租に求められるようになる。そのための地租改正（一八七三〜八一）は全国的に、それまでの複雑な支配、所有、利用関係のもとにおかれていた土地の私的所有者を、整理確定してゆく大事業となった。とはいえ、これにより明治政府の財政の基礎が確立されるとともに、すでに容認されつつあった農民の移住、転職の自由が、土地の永代売買禁止の解除とあわせて、土地の私有制の全面的な確立にともない、契約関係としても確認されたことになる。

その意味で、この地租改正は、イギリスで土地囲い込み運動をつうじて多年にわたり進行した、資本の原始的蓄積による土地の私有化と、それにともなう労働力の商品化の歴史的前提の形成を、ごく短期間に特殊な様相のもとに実現したものとみることができる。むろん多くの農民からみれば、確定された土地の私的所有者としての地主に、高額の現物小作料を納め続ける関係は、封建的年貢ともその遺制とも感じられる側面はあった。

そのため、明治維新後も農村部に封建的生産関係が残存しており、それを打破する市民革命が求められるとみなす見解も、一九二〇年代以降の講座派（封建派）にみられるように、有力視されていた。とはいえ、明治維新は、とくに地租改正による土地の私有化の全面的な確定と、それにともなう農民の転職、移住の自由化により、資本主義の発達の基本前提となる、労働力の商品化への封建的な抑制を除去した歴史的意義は大きく、その意味で一種の市民革命をなしていたとみなす、労農派ないし宇野学派の見解に妥当性がより高いのではなかろうか。

そうした労農派ないし宇野学派の見解はまた、明治維新にさきだつ江戸時代に、ついで一種の市民革命を成功させるにいたる初期重商主義的な、政治経済体制がかなり準備されていた史実との整合性も認めやすい。

日本の封建社会は、ほぼ鎌倉時代（一一九二〜一三三三）に完成された。ついで、室町幕府の時代（一三三八〜一五七三）には、明との対外貿易をすすめる商人層も堺などに商業都市を形成するようになった。それに続き織豊政権も、それら商人の貢納にその経済的な基礎の一端をおき、中央集権国家をめざす（当時の西欧諸国に似た）前期重商主義的な一面を示していた。徳川政権は、鎖国によって対外商業をきびしく制限し、農民を土地に緊縛する身分制支配にもとづく封建社会を再建したが、マルクス（1867, 邦訳③、三六四ページ）が述べているほど「忠実なヨーロッパ中世の姿」を「土地所有の純封建的な組織」において示していたとはいえない。

政治的には中世のヨーロッパ諸国とくらべ、はるかに中央集権的な体制が形成され、諸侯の参勤交代制により、全国的な交通、通信、通商のルートを整備していた。それにもとづき江戸・大坂のような世界的にみても大規模な都市を商業中心地として発達させ、年貢米や各地の特産物を全国的な規模で取引する商人資本や金貸し資本の発展を組織的にうながした。資本主義の前提となる市場経済のしくみをかなりの程度までととのえ、農村部にもその影響を浸透させ拡大する傾向がみられた。より具体的には、農村部にも商品化をめざした各種の家内工業が、農民の副業としても、問屋制手工業としても、あるいは局部的には工場制手工業（マニュファクチュア）としても発達した。日本が、他のアジアの国々のように植民地や半植民地とならず、独立した後発資本主義国としての近代化の課題に挑戦し成功しえたのも、江戸時代までの日本に、前期重商主義的な基盤が国内的にかなり準備されていたことにも由来していたといえよう。

とはいえ明治初期の日本は、たとえば一八七四年の有業者総数一九六一万人余りのうちの七八％が農業者で、商業者は七％、工業者は四％にすぎず、あきらかに農業国であった。近代化をすすめるうえで必要とされた海外からの機械・設備に加え、綿製品や毛織物などの繊維製品も輸入して、国内の手工業製品を圧倒する傾向があった。それらの輸入代金をまかなう輸出品は金銀、茶、米、銅、石炭、海産物などの一次産品と、農家の副業としての養蚕業に依存する生糸、絹製品や、陶磁器、漆器などの手工業品に多くを依存していた。

こうした明治初期の経済から、日本の資本主義化が後発的にすすめられる過程で、あきらかに富国強兵をめざした国家の殖産興業政策が大きな役割を演ずることとなった。

すなわち、明治政府は一八七二年の東京─横浜間の鉄道開通をはじめ、鉄道の普及に先鞭をつけ、一八八〇年代以降の民営による鉄道建設を誘発する。郵便事業も直営事業として一八七三年に全国ネットを形成している。金融面でも一八七三年から各地に株式会社組織での国立銀行を設立し、これに不換銀行券の発行を許して、民間企業への融資をうながした。しかし、その結果、インフレがすすんだので、八三年以降は銀行券の発券は日本銀行のみに集中させ、国立銀行は普通銀行に改組していったが、それも重要な契機として、金融システムも政府主導で近代化されていった。さらに主要な鉱山、いくつかの紡績工場、富岡製糸、品川硝子、赤羽工作分局など、多くの官営工場が、近代的な技術の導入と、その使用訓練のモデルとして、外国人技師の指導のもとに設立されていった。そのうちの軍需工場を除く多くの工場が、一八八〇年代には、安価な長期年賦で、おもに三井、住友、三菱などの政商に払い下げられてゆき、財閥形成の重要な基礎となった。

これを契機に一八八〇年代末には紡績、鉄道、鉱山などに企業勃興が著しくなり、日清戦争(一八九四〜九五)、および日露戦争(一九〇四〜〇五)を経るころまでに、日本資本主義は、ほぼ確立されたとみなされている。

とくに明治維新以降、日本の主要な輸出品となっていた生糸、絹布の生産に加え、綿工業にも、機械制大工業が確立されていった。移入された先進的な技術に、農村からの安価な女性労働を組み合わせた日本の綿工業は、明治初期には在来の手工業にたよっていた国内の綿糸、綿布の生産を圧倒していたイギリスなどからの輸入綿製品をしだいに駆逐して競争力を増していった。そして一八九七年には、綿糸市場で国内市場を完全に充足させ、ついで海外市場に輸出を伸ばし、イギリスの綿工業の世界市場をあいついで奪う発展性を発揮してゆく。

イギリスにおける資本主義が、発生期の羊毛工業に続き、綿工業を指導的な産業として産業革命を実現して、成長期を迎えたように、後発的な日本資本主義も、絹工業について綿工業を先端産業とし、それら繊維産業を中心とする軽工業に、大きな比重をおいて成立したのであった。重工業もそれにつれて発展をうながされてゆく。しかし、たとえば鉄鋼の生産量は、一八九八年には国内需要の一〇％、一九一一～一五年平均でも国内需要の三八％をみたすにとどまっており、機械設備の多くも輸入に依存する傾向が残り続けていた。軽工業にくらべ資本の有機的構成が高く、農村部からの安価な労働力に依存する費用節約効果の小さい重工業は、日本資本主義にとって国際的な比較優位の劣る分野となり、その発達が遅れがちとなっていたといえよう。

こうした状況は、第一次世界大戦（一九一四～一八）にともなう未曽有の戦時ブームにより大きく変化する。戦場とならなかった日本は、アメリカとともにあらゆる産業においても海外需要の急増をうけて増産をうながされた。一九一四年と一九年とを比較すると、工場数は一万七〇〇〇から四万四〇〇〇へと二・六倍に、職工数は八五万四〇〇〇人から一五二万人へと一・八倍に増加し、綿糸は一五％、綿布は六二％、生糸は七〇％、銑鉄は一四〇％、鋼材は一一〇％の生産増加をみた。それはむろん国内市場にも大活況をもたらした。輸出の大幅な増加にともない、日本はそれまでの債務国から一転して債権国にもなっている。

しかし、こうした一時的なブームは、戦争が終結し、ヨーロッパ諸国の生産が回復するにつれて反転し、一九二〇年にはきびしい戦後恐慌が訪れる。一九二三年には関東大震災の打撃もうけ、二七年には金融恐慌も生じ、さらに一九二九年にはじまる世界大恐慌の深刻な影響もこうむり、日本資本主義には連続的な危機と構造的な不況の試練が訪れる。

こうした第一次世界大戦期のブームから世界大恐慌に巻き込まれてゆくまでの日本資本主義は、短い大正時代（一九一二〜二六）がその大部分を占めていた。総力戦としての負担を強いた民衆に、西欧先進国では普通選挙やワイマール体制のような社会権が広く認められてゆく。ロシア革命のインパクトも大きかった。日本にもそれらの動向は波及し、いわゆる大正デモクラシーの時代風潮が広がり、普通選挙を実現しようとする社会運動が展開され、一九二五年には普通選挙法が実現される。

それとともに戦後恐慌以降のきびしい経済状況が続くなかで、労働組合運動、小作争議、農民運動も広がり、それらを基盤として、社会主義運動も「大逆事件」（一九一〇）以降の「冬の時代」を終えて再生・発展をみる。一九二二年には日本共産党が結成され、ソ連共産党の指令を尊重しつつ組織的な影響を広げる。これとは別に一九二六年には後の日本社会党の前身となる社会民衆党や日本労農党も結成されている。

大学もこの時期に、経済学の教員ポストが増加して、その少なからぬ部分を、ドイツに留学してマルクス経済学に強くひかれた有力な研究者が占めていた。かれらは大学外の社会主義者と協力して、日本社会の変革路線は（ソ連の指導にしたがい）市民革命を当面の課題とする二段階革命を必要とみなす講座派と、社会主義を直接めざす一段階革命路線を主張する労農派との戦略構想の対立にも深く関わるところとして、マルクス経済学の研究と日本資本主義論争が展開され注目を集めていった。

他方、すでに欧米先進諸国が金融・独占資本の形成・発展にもとづく帝国主義段階に移行している時期に、後発的に資本主義化した日本は、繊維工業を中心に機械制大工業を確立してゆく。それとともに、日清戦争で植民地として台湾を領有するような、帝国主義的な側面もすでに早熟的に示していた。日露戦争後には、紡績業でも七大会社に生産が集中し、三井、住友、三菱、安田など、主要な産業にわたる一群の大会社の家族的支配組織をなす財閥も、金融・独占資本としての持ち株会社形態によるコンツェルン形成をすすめた。

日本は、その経済利害にそった帝国主義政策の一環として、一九一〇年には日韓併合を実現し、ついで第一次世界大戦に参加している。

日本金融資本の組織を代表していた財閥の支配力は、第一次世界大戦後の戦後恐慌にはじまる連続的な経済危機と構造的不況の過程で、さらに強化され、財閥本社を頂点とする系列企業が、主要な生産部門のほとんどにカルテルなどの独占組織を形成し、商業・金融などにも組織を広げ、独占資本としての経済力を増していった。

しかし、財閥金融資本の独占利潤の確保は、日本経済の不況構造を緩和することにはならず、むしろ雇用の多くを担っていた中小企業、零細家族経営、農家経営などに、資材、原料などの独占価格の圧迫を加え、不況を深刻化した。世界大恐慌の打撃が波及しているなかで、日本が一九三〇年一月に金輸出解禁により為替相場の安定と、それによる輸出促進を図った政策も、おりあしく一九二九年秋以降に発生し深刻化していった世界恐慌の打撃を大きくする悪影響をもたらした。その結果、中小企業の疲弊、失業の増大、農村の窮乏が深まり、労働運動、農民運動も激化し、社会主義にも関心が増した。

その過程で、日本の財閥金融資本の利害も、たんなる経済政策の範囲では、そのような社会問題を打開しえなくなっていた。日本はそこから、一九三一年の満州事変を契機に、世界資本主義のブロック経済化にもうながされ、大東亜共栄圏の構想を掲げ、日独伊防共協定の結成（一九三七）をふまえて、第二次世界大戦にいたるいわゆる一五年戦争に政治経済の進路をたどることとなる。対外侵略に国民の関心を動員し、ドイツのナチズムによるヒトラー政権（一九三四～四五）成立にむしろ先行的に呼応して、日本は軍国主義的ファシズムによる、社会主義の弾圧と戦時経済化と対外軍事侵略への道に歩みをすすめていたのである。

それは、ドイツに続き、後発的資本主義化に挑戦した日本が、早熟的に帝国主義的な様相をともない、日清、日露の両戦役と第一次世界大戦をそれぞれスプリング・ボードとして資本主義列強の一角にまで興隆した末に、アジアの国々と日本の民衆に多大の犠牲を強いつつ、破滅的な総力戦の泥沼に転落する悪夢のような悲劇の結末をまねく進路となった。

2　戦後の高度成長

第二次世界大戦にいたるアジア太平洋戦争の過程で、日本資本主義は軍事的に侵略したアジアの国々の多くの人びとに巨大な苦痛と損害を与えた。同時に、総力戦の負担を国内の民衆にも転嫁し、経済生活を窮迫させてゆき、戦争の末期には空爆による人命、住宅、職場の破壊も広がり、最後には広島、長崎の原爆による地獄図のような破壊にいたるまで、経済生活の根本を広範に損なう結果を招いた。

一九四五年八月の終戦時の生産能力の残存率は、軍事に関連していた鉄鋼、水力発電などを除くと、民需用の主要な工業の多くは、戦前の半分以下となっており、繊維・衣服では二〜三割となっていた。生産の麻痺による供給不足、戦時統制経済から解放された消費者の需要の急増、政府の赤字財政とそれに応ずる日本銀行の通貨供給の膨張などをつうじ、悪性インフレが高進した。敗戦時、すでに戦前の四〜五倍となっていた総合物価指数はその後、一九四七年九月にかけて戦前の一五七倍に達し、生産活動を混乱させつつ、民衆の経済生活にも多大の犠牲を生じていった。アメリカを中心とする連合軍の占領政策も当初、日本の経済復興を困難とする賠償を求め、同時に財閥解体、労働改革、農地改革などの経済民主化を急速にすすめたので、当面の経済活動に多くの混乱も生じた。

とはいえ、一九四八年はじめには、東西冷戦体制への移行を背景に、日本についても「反共の防波堤とする」よう、占領政策の転換が示される。それにともない賠償が大幅に軽減され、財界人の追放も解除され、労働運動の穏健化が図られた。日本資本主義は、それを契機に戦後の混乱期を脱し、安定化にむかう。ことに一九四九年二月にトルーマン大統領の特使として派遣されたJ・M・ドッジが策定したドッジ・プランが、翌五〇年前半にかけて実施される。その施策は、一ドル三六〇円の単一為替レートの設定と補助金や復興融資の整理をあわせ、当面、深刻なデフレと失業増大をもたらした。しかし、それは日本経済の国際的・国内的な市場秩序の正常化を強制する、いわば安定恐慌として作用し、五年にわたる日本資本主義の復興過程を締めくくる役割をも果たした。

これに続き、朝鮮戦争（一九五〇〜五三）の特需をスプリング・ボードとして、日本資本主義は戦後の高度成長の軌道に乗る。一九五一年にはサンフランシスコ講和条約が日米安全保障条約とあわせて調印され、日本は被占領体制を脱しつつ、アメリカの軍事秩序の傘のもとにではあれ、あらためて独立国としての経済発展を再開している。

その後、一九七三年にいたる二三年間に、日本経済は年平均実質成長率で九・二％の高い成長率を維持することになる。その過程をつうじ、日本は、敗戦直後の疲弊し極度に貧困化した社会から、国内総生産（GDP）を実質で七・六倍にまで増大させ、一人あたり所得でほぼ西欧先進国なみの豊かな社会に到達する。日本の奇蹟といわれるこの高度成長を可能としたのは、前章の2でみたこの時期の資本主義先進国の共有していた、つぎのような四つの基本的な条件が、とくに有利に働いていたことによるところが大きかった。

第一に、アメリカの経済覇権にもとづくブレトンウッズ国際通貨体制のもとに、対ドル三六〇円の固定相場で編入された日本資本主義は、その後の成長に必要な資源や技術の輸入、それに必要なドル資金調達のための輸出拡大に、資本主義世界市場の自由で安定した成長を継続的に利用することができた。そのさい、当初は日本の輸出産業にきびしく作用していたドッジ・プラン以降の為替レートは、当面、朝鮮戦争の特需でその作用を大きく緩和されるとともに、その後、日本産業の設備投資による競争力の向上をうながす動因として作用し続けた。その過程で、その為替レートによる賃金水準の国際比較での優位性も加え、やがて高度成長の後半になると、むしろ日本産業にとって輸出を容易とし、輸入を抑制する安定的な基礎要因として機能し、高成長に資する効果を発揮するようになった。

第二に、おもにアメリカにおいて戦前から産業化されていた一連の技術に加え、戦中・戦後に軍事技術から民間産業に転用された産業技術もふくめ、日本資本主義には、利用可能な産業技術のフロンティアが大きく開かれていた。日本資本主義はそれら新技術をあいついで導入して、設備投資を高水準で広範な産業分野に展開し、雇用を拡大させ、生産性を高め、他の先進資本主義国の平均より二倍程度の高成長を実現していった。

導入された産業技術の展開は、各種の家庭用電気器具の普及と高度化から、乗用車にいたる多様な耐久消費財の生産を拡大してゆき、その生産体制は概して大規模な設備投資によるコンビナート型の大量生産方式を形成していった。その過程で、日本経済もエネルギー、とくに石油多消費型の産業構造と消費構造とを顕著に高度化してゆく。日本の全エネルギー消費中の石油依存度は、一九五五年には五分の一であったのに、一九七三年には七七・六%と、八割近くに達している。化学工業の原料としても石油の消費量は大きく増加を続けていた。

第三に、この時期をつうじ、世界市場で木材、羊毛、綿花、穀物、鉱物資源などの一次産品を産出する途上国とのあいだに、日本などの先進工業国にとって有利な交易条件が保持され続けていた。石油についても「一ドル原油」といわれ続け、バレルあたり二ドル未満の原油価格が通例であった。中東諸国であいついで豊かな油田が開発され続け、タンカーを大型化しては、それら油田から輸入するシステムが先進諸国に広がり、日本は造船業でも高度な成長を示してゆく。同時に太平洋沿岸の長い海岸線に沿って、各地に大型タンカーの寄港可能な大規模な製油所やそれに接した大型コンビナートの建設が続いた。

第四に、それら太平洋沿岸部などの都市部における製造業、建設業などの第二次産業と、商業、金融業、サービス業などの第三次産業による資本主義の成長に動員可能な、比較的安価で良質の労働力の供給余力が、もっぱら農業などの第一次産業による農村部からの労働力移動の継続的な流れとして存在していた。

たとえば、一九五〇年に日本の就業者総数三六四二万人のうち、第一次産業に半数以上の人が従事し、第二次産業には二一%、第三次産業には二八%の人が属していた。高度成長をつうじ、一九七〇年になると就業人口のうち第一次産業の比率は、一七・四％に低下しており、第二次産業と第三次産業の比率が、それぞれ三五・二％、四七・四％に増大している。その間、人口増加も反映して就業者総数が一四五〇万人余り、年平均一・七％の率で増大している。そのほぼすべてと、農村部からの一〇〇〇万人ほどの労働力の移動とあわせて二五〇〇万人近くが、第二次産業と第三次産業との資本主義的経営の成長に動員され続けたことになる。

そのなかには、軍隊や軍需工場での経験や訓練を経たものも少なくなく、高校レベルで九〇％をこえてゆく進学率の高まりもあって、あいついで導入される新たな産業技術にも適応性が高く、企業協力的な労働者が多数を占めていた。その供給余力が量と質の両面から、日本資本主義の高成長に重要な基礎をなしていたことに疑う余地はない。

こうした基本的な四条件を活かして、日本資本主義が高成長を実現していった軌跡は、それにさきだつ危機の三〇年、とくに一九三〇年代の大恐慌の過程での主要諸国の進路の分岐にたいし、どのような意義を有しているか。

大恐慌の打撃をほとんどうけなかったソ連型社会主義に対抗する資本主義の主要諸国のうち、日本をふくむファシズム型の枢軸国の進路が、敗戦によって消滅し、アメリカを中心とするニューディール型社会民主主義の進路が勝利をおさめ、その支配的な教義としてのケインズ主義が、日本にとっても経済政策の基調となって、戦後の高成長が実現され継続したと理解してよいであろうか。マルクス経済学の枠組みのうちで、その理解を多かれ少なかれ肯定的に受け入れたのが、（たとえばツィーシャンク 1957 などの）国家独占資本主義論であった。

しかし戦後、日本資本主義の軌跡は、管理通貨制による国家の財政・金融政策の運用をつうずるニューディール型完全雇用政策の成功を示すものとは単純に読み取れない。敗戦直後の管理通貨制のもとでの財政・金融政策の積極的な運用による復興政策は、むしろインフレを悪性化して挫折している。その後、ドッジ・プランの実施による安定恐慌のデフレを経て、日本は金本位制に近いブレトンウッズ国際通貨制度に組み込まれ、管理通貨制による財政・金融政策の操作にもきびしい外貨準備の制約をうけるにいたる。たしかに高度成長の軌道に乗る契機として、朝鮮戦争によるアメリカの軍事スペンディングの特需を、一種の国際的なケインズ主義的な政策効果として享受した側面は見逃せないし、後にベトナム戦争の特需も、日本経済に同様の効果をもたらしはした。だが、高度成長の進行過程での有効需要の持続的な拡大は、国家による上からの財政・金融政策の積極的運用に直接依存していたものとは考えられない。

むしろ前章の２でもみた、この時期の資本主義先進諸国に特徴的に定着していった、高生産性・高賃金のフォード的蓄積様式が、日本では主要産業の生産性上昇にほぼみあった実質賃金のベースアップを毎年の春闘での労資交渉で、やや後追い的にではあれ、実現してゆく慣行としてくりかえされていった。それにともなう賃金の上昇が、雇用の拡大および都市化にともなう核家族化での世帯数の増加とあわせて、各種家電、住宅、さらには乗用車などの耐久消費財への内需を、資本蓄積内部から拡大する傾向が定着していった。

その過程で、農業就業人口は減少してゆくが、農家戸数はほぼ六〇〇万戸余りからあまり減少せず、一九七〇年にも五三四万戸を記録している。その農家が、敗戦直後の食料の不足による農産物価格の騰貴、農地改革と、その後のコメを中心とした農産物価格政策、さらには出稼ぎなどの賃労働による兼業収入増加にともない、都市の賃労働者家計とおおよそ同水準の所得をあげてゆく。農薬、化学肥料、品種改良、さらに各種農業機器の導入により、農業の労働生産性が、工業のそれを上回る速度で上昇し、労働力の流出や兼業化にもかかわらず、コメを中心とする農産物の国内自給度をかなり維持していたことも、それに寄与し、日本経済の高成長を支える重要な一要因をなしていた。地価の安さも有利に働き、各種耐久消費財への有効需要が農村でも高まり、長い日本の歴史でも、例外的に都市と農村の生活格差が大きく解消される傾向がみられ、「一億総中流化」の実感が農村部にも広がっていった。

それらに加え、経済成長率の倍以上の速度で継続的に伸びていった民間設備投資も、一九七三年には国民総生産の四分の一を占め、内需拡大に寄与していた。こうした設備投資は、可処分所得の平均一五～二〇％に達していた高水準の家計貯蓄率にもとづき、銀行など金融機関に集められた資金からの借り入れに多くを依存し、大企業のいわゆるオーバーローン体質を形成しつつ、国内資金の間接金融でまかなわれていたことも、日本資本主義の高度成長の特徴のひとつをなしていた。

総じてこの時期の日本資本主義の高成長は、輸出依存度（輸出額／ＧＮＰ）をコンスタントにほぼ一〇％にとどめつつ実現された。必要とされる有効需要の拡大の九割は内需によることができた。この輸出依存度は、戦前の日本やこの時期のヨーロッパの主要先進諸国にくらべてもはるかに低い。世界市場の側からみれば、他の先進国の倍程度の高成長をとげている日本は、世界での輸出シェアも比例的に拡大しているが、「輸出立国」をめざしていた戦後日本の経済実績は、内容上、むしろ内需拡大型の特徴を重要な一面としていたのであった。

この側面は、やがて先進国の危機と長期停滞化の時期に、顕著な高成長を示すようになるアジアの新興工業地域、ＡＳＥＡＮ諸国、さらには中国などがはるかに高い輸出依存度をともなっていることと対比しても、興味をひくところである。

3　ジャパン・アズ・ナンバーワンへ

日本資本主義の高度成長は、その末期に、前章2でもみたように、西ドイツとともにアメリカの経済覇権を切り崩し、その結果、みずからの安定的な進展の前提としていたブレトンウッズ国際通貨体制を崩壊させる、重要な一契機となっていった。その結果として、アメリカの金ドル交換停止からスミソニアン体制を経て、変動相場制に国際通貨体制が移行すると、資本主義先進諸国には通貨供給への抑止力が失われ、通貨信用の膨張によるインフレが加速されていった。とくに日本では、円高がすすむことで輸出産業に不利となる傾向を緩和するための、「調整インフレ」が意図的に図られ、一九七三〜七四年には、年率二〇％前後にまでインフレが高進する。それにともない、利子率がそれを下回り、実質利子率がマイナスとなって、さまざまな原料、素材、半製品などを借金をしてでも買い込んで売買差益を期待する投機的な取引や在庫形成が、広範に促進された。その結果、契約した納期に製品をひきわたせないで、操業を停止する「黒字倒産」さえ生じて、経済活動に攪乱、収縮が広がり、インフレ恐慌を生じさせた。

ケインズも指摘しているように、また一九九〇年代以降しばしば経験したように、通貨信用の供給を増しても、不況基調が強ければ、ひもで物が押し上げられないように、デフレをインフレに転換できない。この時期に、通貨信用の膨張が広範な物価のインフレ悪性化を招いた背景には、前章でもみたように、先進資本主義諸国をつうじた長期にわたる高度成長の末に、その基本前提としていた各国内の労働力の供給余力と、世界市場での一次産品の弾力的入手可能性とにたいし、資本蓄積が過剰化して、労働力と一次産品の相対的な不足と、それらの価格騰貴が進展したことによるところが大きい。

日本でも、一九七〇～七三年には製造業での賃金は六三％上昇し、消費者物価の上昇分を差し引いた実質賃金も三一％騰貴している。一九六〇年に結成されて以来、無力といわれ続けたＯＰＥＣが、一次産品のあいつぐ価格上昇の波に乗って、第四次中東戦争をきっかけに、一九七三年秋から原油価格を四倍に引き上げたことも、先進諸国のなかでエネルギーの輸入依存度がとりわけ高くなっていた日本に大きな打撃を与え、その直接的な効果のみでも、実質成長率を三・八％引き下げたといわれる。他の一次産品の価格の上昇、労賃の上昇とあわせ、日本の産業企業には大幅な利潤の圧縮作用が生じて、インフレの悪性化作用とともに日本資本主義に重大な危機をもたらした。その実質経済成長は、一九七三年の八・八％から七四年のマイナス一・二％へ一〇％幅で低落し、鉱工業生産も二〇％あまり収縮した。さらに貿易収支も大幅な赤字に転じ、日本企業の三社に一社は赤字といわれる危機的な局面が一九七五年ごろまで続いた。

この深刻なインフレ恐慌によって、日本の戦後の高度成長に終止符がうたれた。

その後の日本資本主義は、①一九七六〜七九年のアメリカの景気回復にともなう輸出回復と、財政支出とに支えられた回復局面、②一九七八年秋にはじまるイラン革命を契機とする第二次石油ショックと、一九八一年以降の臨調行革（財政再建のための第二次臨時行政調査会答申による新自由主義的緊縮政策）にともなう一九七九〜八三年の反落局面、ついで③レーガノミクスによるドル高円安に乗った輸出拡大にともなう、一九八三〜八五年の景気回復、④その過程で生じた、日米貿易摩擦是正のための一九八五年九月のプラザ合意による急速・大幅な円高による、一九八五〜八六年の円高不況、さらに⑤内需拡大にむけた金利引き下げや、東京湾岸部の副都心化計画などにうながされた株価と不動産価格の巨大バブルの膨張による、一九八七〜九〇年の投機的活況局面など、変転するさまざまな局面をつうじ、一九七四〜九〇年度の平均実質成長率を四・二％と高度成長期の半分以下に低下させている。

とはいえ、資本主義先進国の成長率が軒並み低下したこの時期に、日本資本主義の成長率は、他の主要国のほぼ二倍をなお維持していた。この時期に資本主義世界の新たな産業技術の基礎となる情報技術（ＩＴ）の普及と高度化を活かした産業企業の国際競争力の再建、強化の過程で、日本資本主義は顕著な適応性を発揮する。それにともない、一九八七年には日本の一人あたり国民所得は一万九五五三ドルとなり、アメリカやドイツを抜いて、先進主要諸国で首位となる。そのことは、E・ヴォーゲル（1979）が『ジャパン・アズ・ナンバーワン』と評した日本経済の強さの実証として、世界の注目を集めた。

明治維新以後、西欧諸国の経済力に追いつけ、という後発的な日本資本主義の挑戦課題は、高度成長期にも重視され続けたが、高度成長の終焉に続く低成長への危機と再編の過程で、予想されなかった時期に思いがけないかたちで実現されたことになる。

世界が注目した日本経済の強さの中心には、あきらかに日本型経営のすぐれた適応力があった。高度成長の過程で日本の大多数の大企業には、正社員の終身雇用、（平等主義的な）年功序列賃金、会社別労働組合と、特徴的な雇用形態が定着し、生産性の上昇にほぼ見合ったベースアップと定期昇給が春闘で実現されてゆくなかで、労働者のあいだに企業との一体感、企業への忠誠心が形成されていった。同一企業内であれば、新技術の導入にともなう職場間の配置転換も、企業のニーズにこたえて受け入れられる慣行が普及していった。

高度成長終焉後のきびしい危機と再編過程で、ITの導入にともなう工場やオフィスのオートメーション化による「合理化」の反復過程においても、企業への協力的な正規従業員中心の民間労働組合の姿勢は継承されていた。そのため、労働者の経験や熟練を不要とするロボット化やオートメーション化も、他の先進国にくらべてはるかに容易に進展していった。一九八八年までに日本に導入された産業用ロボットの数は、アメリカの五倍をこえ、西ドイツの一〇倍に近い。

しかも、日本企業は、職場でのQC（クオリティー・コントロール）、ZD（ゼロ・ディフェクト）サークルなどの小集団による活動を広げて、そこでの対話や提案を介し、働く人びとの主体的な意欲や工夫をひきだす組織化もすすめた。それによって、故障したときに、修理が容易ではないITを組み込んだ各種家電やクルマなどの生産工程で、故障率の少ない高品質の製品の生産を、たがいに注意ぶかく継続するチームワークも強化していった。

それにともない、日本の製造業は労働生産性を、高度成長期すら上回る速度で上昇させ、一〇年ごとに、ほぼ二倍とした。とはいえ、一九八〇年代以降の新自由主義の時代には、高度成長期とはまったく異なり、その成果は労働者にほとんど還元されず、むしろ実質賃金は停滞的に抑制され、主婦のパートなど、安価で弾力的に調整可能な非正規労働者を増大する傾向が顕著となっていった。その過程で、おもに正規従業員を組織していた労働組合の組織率が一九七〇年当時の三五・四％から一九九七年の二二・六％に大幅に下がり、実質賃金の抑制、低下への抵抗力を弱めた。一九八五～八七年に国鉄、電電、専売の三公社が新自由主義的に民営化されるとともに、公共部門の労働者に伝統的に形成されていた戦闘的労働組合運動に、大攻勢が加えられて、そのナショナルセンター日本労働組合総評議会（総評）が解体をせまられ、より企業に協力的な日本労働組合総連合会（連合）に一九八九年に統合されたことも、その動向を強めた。

日本の製造業は、労働者の協力を基礎として、生産性を上昇させるIT合理化を推進し、賃金をきびしく抑制することにより、二度の石油ショックの試練をのりきり、さらにその前後にくりかえし進展してきた一ドル三六〇円レートから一九八〇年代末の一ドル一四〇円程度の為替レートへの大幅な円高への進展にも適応して、輸出製品のドル価格を抑制し（同じ製品であれば円価格では三分の一近い価格に引き下げて）、世界市場での競争力をそのつど回復して輸出超過を実現し、輸出依存度をかえって高めてきた。働く人びとの多くにとっては、円価格での生活水準は、生産性の上昇にもかかわらず、停滞的で、非正規の人びとにはきびしい状況が拡大しているなかで、むしろそれを重要な一因として輸出超過と円高がくりかえし進展し、国際ドル評価では三倍近くも一人あたり所得が増大したように評価されて、アメリカをこえたとみなされたのであった。それは、生活水準や所得の国際的な比較の尺度をめぐる、あやうさを示すところでもあり、多くの人びとの生活実感からもかけ離れている、ある意味で奇妙な事象でもあった。

大幅な円高への推移のなかで、ＩＴ合理化は、かつての高度成長期のように大規模な設備投資をかならずしも必要とせず、情報機器によるオートメーション化を既存の工場やオフィスに追加導入しうる性質もあって、日本の大企業は、この時期にあいついでオーバーローン体質を脱却してゆく。さらに留保利潤や償却資金などを余裕資金として企業内部に累積させ、それを「財テク」と称して、金融的な投機などに運用する動向を強めた。そうした企業の余資をふくめ、この時期には日本資本主義もグローバリゼーションへの展開をすすめ、たとえば一九八六〜八九年には、海外証券投資などにむけられる長期資本対外投資総額が四八〇〇億ドル、対外直接投資も一一〇〇億ドルに達し、他の先進諸国をこえる水準を示すにいたる。それは国内で進行していた地価と株価をめぐる巨大バブルへの膨張と一体化して、国内の実体経済に吸収しにくい遊休貨幣資本の累積と、その運用難を示すところともみられる。

とはいえ、一九九二年までは日本の製造業を中心とする第二次産業の就業者は絶対増を続け、アメリカなどの他の主要国の多くに進行していた産業空洞化の傾向は、日本にはさほど目立っていなかった。当時は、日本製造企業の海外直接投資も、たとえば周囲のアジア各国でより安価に生産する部品などを、いわば下請け的に国際的に組織して、日本からの完成品輸出のコストを切り下げつつ、国内の製造業の競争力と規模を増強する役割を果たしていることが多かったのである。

その意味で、ジャパン・アズ・ナンバーワンを実現したかにみえた一九八〇年代末までの日本資本主義は、明治以降の製造業を中心とする経済成長による後発資本主義としての挑戦をひきつぎ、その経済的な発展・成長の基本特性をまがりなりにも維持していたともいえる。

4　衰退の軌跡とその世界史的意義

（１）複合不況　日本資本主義は、こうして一九七三年を境に高成長から低成長に転じつつ、働く人びとの協力と労働条件の抑圧を基礎として、他の先進資本主義国にくらべ産業競争力を高め、高水準の経済成長を維持し、八〇年代末にはジャパン・アズ・ナンバーワンと評されるにいたる。しかし、まさにその時期に進行した一九八七～九〇年の巨大バブルの膨張に続く、バブル崩壊の打撃は、九〇年代以降の日本資本主義に「失われた」一〇年とも二〇年ともいわれる深刻な複合不況と長期衰退傾向をもたらす契機となった。日本の年平均実質経済成長率は、一九七四～九〇年平均の四・二％から、一九九一～二〇一一年には平均〇・九%の超低成長に低下し、その後の二〇一七年までの五年間の平均成長率も一・一%台にとどまっている。その間、改革開放政策のもとで急成長を続ける中国に、二〇一〇年にはGDP国別総額で世界第二位の地位をとってかえられ、二〇一六年の一人あたり国別GDPドル換算でも日本は二二位に後退している。

日本資本主義は、この間に高度成長から低成長を経て、超低成長の長期衰退局面へ、劇的な三段跳びともいえる転換をとげ、顕著な衰退を示してきたことになる。

三段目の超低成長への転換は、八〇年代末のバブル景気の崩壊からはじまった。バブルとは泡であり、経済の実態をこえる投機的な資産取引の膨張とその崩壊現象をさしている。たとえば資本主義の発生期にイギリスで、貿易特許会社サウスシー・カンパニーをはじめとする株式の投機的取引と一七二〇年に生じたその破綻による恐慌は、サウスシー・バブルズとよばれていた。一九八〇年代末の日本では、プラザ合意などでアメリカにより強く要請された(日本の対米輸出超過による)貿易摩擦是正と一九八五〜八六年の円高不況への対策として、内需拡大を図るために推進された金利引き下げや東京湾岸副都心計画などの政策にうながされ、株式市場および土地建物などの不動産市場での投機的取引が膨張し、それにともなう資産価格の高騰がバブル景気を高揚させていった。

株式市場では、円高不況が続くなかで一九八六年からニューヨークでの株価上昇につれて東京市場でも株価が値上がりをはじめ、とくに日銀の公定歩合が前年末の五%から八六年一一月の三%へ、さらに翌八七年二月に二・五%に引き下げられる過程で高騰していった。日経平均株価は、八六年はじめの一万三一三七円から八七年一〇月には二万六六四六円へほぼ倍増した。資産としての株式の上昇によるキャピタルゲインをえた富裕層から、高額マンションや宝飾品などの奢侈的商品の販売が促進され、不動産の投機的取引も活発化していった。そこから内需が裾野を広げて拡大してゆき、企業も株式の発行による資金獲得（エクイティー・ファイナンス）を容易とされて、ひさびさに設備投資を回復させる。それらの結果として、日本の輸出依存度も、八四年の一三・五%から八七年には九・七%へ低下し、内需拡大による景気回復を実現する。

資産バブルに誘発された実体経済の回復基調は、八七年一〇月一九日のニューヨーク証券取引所でのブラックマンデーの崩落のショックをうけての日本株の下落と金融不安でも、あまり大きな打撃をうけず、八八年春以降ふたたび資産バブルを膨張させてゆく下支えとなった。日経平均株価は、ふたたび実体経済の回復を大きくこえる膨張に転じ、八九年末には三万八九一五円となり、八六年はじめのほぼ三倍のピークに達している。不動産価格の騰貴的上昇もこれにつれて進行していった。

このバブル景気は、一九七〇年代初頭の高度成長の終焉局面とは逆に、むしろ付加価値中の人件費の比率（労働分配率）を低下させながら進行し、一般物価のインフレはあまり顕著ではなかった。企業収益回復は労働者に均霑《きんてん》されず、労働者家計の多くは、主婦のパートなどで不足を補いつつ、賃金水準は停滞的に抑制され続けた。しかも不動産価格の上昇にともなう家賃の上昇や、住宅の価格上昇に少しでも早く乗るよう、二世代ローンのような過大な住宅ローンを売り込まれて、その元利払いの負担に苦労し続けるケースも増大していった。日本資本主義は高度成長の過程で実現しつつあったかにみえる「一億総中流化」傾向を、一九八〇年代以降の新自由主義のもとで大きく崩されてきたが、とくにこのバブル景気のなかで、資産を有する富裕層と、ささやかな住まいすら過大なローンの負担なしには入手しがたい、資産所有に恵まれない大多数の働く人びとのあいだに経済格差があきらかに再拡大した。多くの労働者家計からみれば、長期の不況的な底流が抑圧的に存続し、バブル景気のもとでの実体経済の本格回復を困難としていたともいえる。

こうした資産バブルの膨張の危険に日銀はあまり配慮していなかったが、一九八九年に生じた円相場の下落、原油価格の上昇、製造業における賃金の六・五％幅での上昇など、一連の一般物価のインフレ再燃の懸念には、（伝統的な）警戒心を示し、公定歩合を八九年半ばの二・五％からその年末の四・二五％へ漸次引き上げ、九〇年二月にはさらに一％上乗せし、その夏には六％とした。実体経済をこえる資産バブルの膨張には、これが反転崩壊への契機を与えた。ことに株価は九〇年はじめから下落をはじめ、九二年末における日経平均株価はほぼ一万五〇〇〇円、八九年末に比してわずか三八％の水準にまで下落し、総額で四三〇兆円のキャピタルロスを生じている。

地価は九〇年も上がり続けたが、その四月には大蔵省も各銀行に不動産金融の総量規制を求める行政指導により、そのゆくえに懸念を示した。実体経済の下降とあわせ、地価も株価に遅れて下落しはじめ、九六年までに大阪圏では半値に、東京および三大都市圏では六〇％の水準に低落している。

地価と株価のバブル崩壊にともなうキャピタルロスは、九〇年代半ばまでにほぼ一〇〇〇兆円（ＧＤＰのほぼ二倍、国民所得ＧＮＩの二・七倍）に達したと見積もられていた。その打撃は、直接的には銀行をはじめとする金融機関に深刻な困難を与えた。とくに国際決済銀行（ＢＩＳ）のバーゼル協定（一九八八）により、国際業務を営む銀行は、一九九三年三月末から資産にたいする自己資本比率を八％以上維持しなければならないこととなり、自己資本にその四五％を算入できる保有株式の含み益の縮小、喪失は、この条項の充足を困難とした。そこで、多くの銀行は貸付資産額の縮小をせまられ、貸し渋りや貸しはがしが広がった。八〇年代に自己金融化の傾向を強めていた大企業はともかく、雇用に大きく貢献してきた多くの中小企業、ことに不動産業者、宅地開発業者、建設関連業者は、銀行からの融資に依存する度合いが高かったので、その融資の縮小や貸しはがしにより事業の縮小、停止、さらには倒産に追い込まれるケースが続出した。

バブル崩壊にともなう金融危機が実体経済に打撃を広げ、宮崎義一（1992）が、ストック（資産）とフロー（所得）の両面にわたる相互促進的な「複合不況」が深化していると指摘した事態が、その後、九〇年代をつうじ継続的に進行していった。その複合不況の続く九〇年代をつうじて、銀行をはじめとする金融機関に従来の旧財閥や企業グループの系列を大きくこえる統合・整理による再建が、公的資金の融資や投入をも介して大規模に進展してゆく。たとえば、三大メガバンク（みずほフィナンシャルグループ一九九九、三菱東京フィナンシャルグループ二〇〇一、三井住友フィナンシャルグループ二〇〇二）の形成をもたらした。

日本資本主義に生じた巨大バブルとその崩壊の打撃は、一方で、前章でもふれた一九九七年のアジア通貨危機、二〇〇一年のアメリカでのITバブルの崩壊、二〇〇八年のサブプライム恐慌のリレー的反復の重要な発端をなし、この時期の新自由主義的な金融化資本主義に内在する、深刻な不安定性を明示するところとなっている。他方で、その打撃をうけて日本資本主義に生じた複合不況は、金融資産と経済活動ないしストックとフローとの両面の相互促進的な不況にとどまらない。それに先行する日本資本主義の新自由主義的な再編過程にはじまる社会経済の基盤における格差の拡大、新たな貧困化傾向をともなう産業空洞化や少子高齢化など、まさに複合的な多重危機の深化をその内実としている側面にも注目しなければならない。

（２）産業空洞化と格差拡大

バブル崩壊後の複合不況で内需が冷え込んでゆくなかで、明治以降の日本資本主義の成長を支え続けていた製造業、建設業などの第二次産業にも打撃がおよんでいった。新自由主義的グローバリゼーションのもとでのイギリスやアメリカの脱工業化、それにともなう産業空洞化の現象は、一九八〇年代までの日本にはさほど顕著ではなかった。日本の第二次産業は、円高の悪影響をくりかえしのりこえて、むしろ就業者数を増加し続ける底堅さを示していた。だが、そこに発揮されていた日本型経営の強さも、複合不況のなかで大きく損なわれてゆき、一九九二年の二一九四万人をピークに、日本の第二次産業の就業者総数も縮小に転じ、二〇一〇年までの二〇年たらずで一五五〇万人となり、三〇％余りの減少をみている。

銀行などの金融機関の危機にともなう貸しはがし、内需不振により再強化された輸出努力による、（一九九〇年の対ドル一四五円程度から九四年後半の一〇〇円前後への）急速な円高が、とくに第二次産業の中小企業に深刻な縮小、倒産の圧力を加えた。さらに九五年一月のメキシコにはじまる通貨危機が北米自由貿易協定の矛盾を露呈し、ドルの信認を揺るがして、対ドル円相場を七九円七五銭までおしあげたことが、広範な中小企業にいたるまで、輸出関連の製造企業に深刻な打撃となり、生き残りのために製造拠点をコストの安い中国やアジアの国々に移転させる動向を大きくうながした。さらにその後、「世界の市場」としても成長を続けるそれらの国々の需要拡大にもひきよせられて、生産拠点のみでなく販売、営業拠点もあいついで移転させる企業戦略が強化されてきた。

さらに、サブプライム恐慌からユーロ危機への世界恐慌の進展過程で、ドルとユーロの信認が低下し円相場がおしあげられ、二〇一一年一〇月末までに対ドルで七五円三二銭となり、日本の輸出産業に深刻な打撃をあたえつつ、日本企業の海外移転にいっそうの拍車をかけた。こうして、一九八〇年代にかなりの規模ではじまった対外投資は、海外直接投資も増大させていたにせよ、なお就業者増に示される第二次産業の堅調をともなっていたのにたいし、九〇年代以降の失われた一〇年、さらには二〇年には、日本資本主義にもあきらかに産業空洞化の傾向が急速に進展した。

一九七三年には全就業者中の比率で、第一次産業に一三%、第二次産業にほぼ三七%と、あわせて五〇%を占めていた。しかし、二〇一〇年までに第一次産業が四%、第二次産業が二五%で、あわせて二九%と大きく減少し、絶対数でも減少し続けている。これにたいし第三次産業（広義のサービス産業）は、一九七三年以降、全就業者の五〇％をこえ、一九九五年には六〇％、二〇一〇年には七〇％をこえ、絶対数でも、第二次、第一次産業の就業者の減少を補って余りある増大を続けてきた。

この第三次産業には、多様な事業分野がある。就業者の多い分野からみてゆくと、たとえば卸売り・小売り、医療・福祉、宿泊・飲食、運輸、教育・学習、生活関連サービス、情報通信、金融・保険などがふくまれる。その多くは製造業のように規則的で定常的な作業とはならず、必要とされる労働作業の繁閑が一日のなかでも、季節的にも大きく変動しやすい。そのため、増大する就業者のなかに、多くの相対的に安価な、とくに女性の非正規のパート、アルバイト、派遣などの各種非正規雇用の比率が高くなる傾向がある。

そのためもあって、非正規雇用に応じやすい女性の市場労働への大量動員が続いた。一九七三年には、男性雇用者の半数以下にとどまっていた女性の雇用は、その後、男性雇用の増加を上回る増大を続け、八六年には男性雇用者の五六・六％となっていたが、さらに二〇一五年には七八・二％にも達している。だが、こうした女性雇用の五六・六％は非正規雇用で占められている。いまや男性雇用の二一・六％も非正規雇用となり、男女総数でも雇用者の三七・五％は非正規雇用なのである。

正規雇用者も、不安定で超低成長の経済環境のもとで、企業の経営破綻や合理化の過程で、中途退職をよぎなくされる事例や、有期雇用への転換、有期の条件での採用例も増して、日本型経営の特徴のひとつとされていた終身雇用による雇用の安定性は、いまや大きく損なわれている。

こうした雇用関係の変化にともない、日本はかつて一億総中流化といわれた経済格差の縮小傾向を反転させて、経済生活上の格差を広げ、貧困化する人びとを増大させている。国際比較では、等価可処分所得（世帯の可処分所得を世帯人数の平方根で割って算出）が、全人口の中央値の半分未満の世帯員の比率を相対的貧困率としている。多民族国家で人種差別も根強いアメリカは、主要先進国のなかでは、その比率が一七％あまりで、最も高い貧困大国である。日本は人種差別がそれほどない社会であるにもかかわらず、相対的貧困率が一九八五年の一二％から二〇一二年には一六・一％へと大幅に上昇し、先進国のなかではアメリカにつぐ第二位の貧困大国となった。その人口を試算すれば、約二〇〇〇万人が貧困線以下で暮らしているとみられる。

実際、日本における生活保護の受給者数は、一九九五年には一〇〇万人未満であったのに、その後、急増して二〇一五年には二一六万人をこえている。しかもその数は、現実には生活保護を必要としている所得水準の世帯の一五〜二〇％程度にとどまると推計されている。すでに二〇〇二年の例でも、生活保護の水準以下の貧困世帯数は、総世帯の二二・

三％、一一〇五万世帯にのぼり、そのうち就労している貧困世帯（ワーキングプア世帯）も六二〇万世帯を占めている。その数は、その後のサブプライム世界恐慌と東日本大震災の多重危機を経て、さらに増大しているにちがいない。

他方、不動産や金融資産の価額から負債をさしひいた日本全体の正味資産としての国富は、一九八〇年代に三倍近く増大して、九〇年の三五三一兆円に達した後に、バブル崩壊とともに二〇〇〇年の二八八三兆円まで減少した。だがその後、二〇一三年までに三〇四九兆円まで回復している。新自由主義のもとでの相続税、所得税、法人税の軽減の効果も大きく、資産を所有する富裕層にそれらの富が大きく集中する傾向がすすんでいる。

ピケティ（2014）は、先進国に共通する一九八〇年代以降の経済格差の再拡大傾向を長期統計的な分析をつうじ実証するさいに、日本をその典型国のひとつとしている。実際、日本は高度成長期には、戦前にくらべ資産の対国民所得の比率を低水準に低下させたまま推移していたが、その後、新自由主義のもとで、その比率を急速に戦前の水準近くまで再上昇させている。ピケティは、不動産にせよ金融資産にせよ、通例四〜五％の利回りで収益をもたらすとみている。たとえば二〇一三年の日本の国富は、その年の付加価値総額三九〇兆円の七・八倍に達している。かりにその資産が四％で資産所得を生じていれば、日本経済の生みだしている労働報酬と企業利潤などの総所得の三一・二％、利回り三％としても二三・四%が資産への所得として、富裕者に配分されていることになる。資産を保有しないか、住宅は所有していても住宅ローンの負債が大きい多くの働く人びとは、むろんその配分にあずかれないことになる。

他方、消費税（低所得層ほど負担が重い）が一九八九年に三%で導入され、九七年には五%に、二〇一四年には八%へひきあげられ、さらに一〇%への増額案も用意されている。医療費、教育費などの個人負担の増額とあわせて、あきらかに新自由主義のもとでの税制の変化、公共費の負担増も、経済格差の拡大を促進する作用を増大させてきた。

こうしてワーキングプアや子どもの貧困、年金も貯蓄も十分でない孤独な高齢者の生活難など、新たな貧困問題を広げつつ、日本資本主義に産業空洞化と格差拡大の傾向が進展する状況は、歴史的になにを意味しているか。それは社会的な規制や再配分をあいついで緩和・撤廃して、自由で競争的な市場の秩序にゆだねる新自由主義のもとで、営利企業を中心とする資本主義社会に内在する労働力の商品化の無理が、社会生活の相互扶助的な協同性や平等性を破壊してゆく「自由」を、現代的な文脈において、あらためて明示しているのではなかろうか。近代資本主義の発足以来、その理念とされた自由、平等、人権ないし友愛と、資本主義の基本としている労働力の商品化による原理的な作動の展開には、現代的にも問い直されなければならない重い矛盾が存続している。多くの働く人びとの生活不安を深める格差拡大と新たな貧困の増大とは、内需の重要な部分を占める消費需要を冷え込ませ、超低成長の複合不況からの脱却を困難にしていることも、その重要な一面にほかならない。

（3）少子高齢化

ある社会の人口が減少しないためには、女性の平均出生率（合計特殊出生率）が二・一をこえなければならないといわれる。日本では、一九七三年に二・一四であった女性の出生率が、二〇〇五年の一・二六にまで急激に低落した。その後、出産抑制への反動が、ことに出産可能年齢をすぎようとしている団塊世代ジュニアに生じたこともあって、出生率はいくらか回復にむかい、二〇一五年の実績は一・四五となった。しかし、その回復は続かず、むしろ二〇二〇年代にはまた少し下がるものと推計されている。

たとえば、国立社会保障・人口問題研究所が二〇一七年四月一〇日に公表した推計では、出生率は一・四三〜一・四四で落ち着くとみなし、それでも日本の人口は、二〇一五年の一億二七〇九万人から、五〇年後には三割余りを失い、八八〇八万人となり、六五歳以上の比率が、二六・六％から三八・四％へ高まるとされている。

国際的には、女性の合計特殊出生率が人口置換水準を下回ってはいても、まだ一・五をこえていれば緩少子化（modelately low fertility）国とよび、それ以下なら超少子化国とよんでいる。イタリア、ドイツ、旧ソ連諸国、韓国などが日本とともに超少子化国となっている。そのうちで女性の合計特殊出生率一・三以上なら very low fertility（超少子化）、それ以下なら lowest-low fertility（最超少子化）の国と規定される。前章の4でもふれたように、先進国の多くが、一九七〇年代以降、人口置換水準を下回る少子化傾向を示し、そのことが資本主義の衰退の重要な一底流をなしている。日本にはとくにその傾向が著しく、急速に最超少子化国に落ち込み、やや回復したものの、超少子化国からの脱出は望めないと推計されているわけである。

国立社会保障・人口問題研究所によるこの「新人口推計」は、翌日の『朝日新聞』のトップ記事となり、その社説でも、現役世代によって支えられている年金制度の給付減、医療・介護の負担増のおそれなどを指摘し、「人口減を目の前の危機ととらえず、対策を怠ってきた」結果を憂えていた。実際、日本の人口はすでに二〇〇八年をピークに減少に転じ、このまま出生率が回復しなければ、二一世紀末までには半減し、さらに二二世紀末には日本の人口は江戸時代に逆戻りすることになる。

この人口減少は、中世までの社会にときおり生じた疫病や戦争などの経済外的な要因による人口減少と性質が異なる。それは、あきらかに資本主義のもとでの経済生活の自律的運動の内部に生じた変化である。前章でも述べたように、共同体的な相互扶助の関係を個人主義的な市場経済化により解体し、世帯もその延長上に大家族から、核家族へ、さらにシングルスを増大させる方向に細分化して、個人主義的な労働雇用や消費スタイルの拡大をすすめてきた結果にほかならない。ことに新自由主義的資本主義が、ITを利用して展開してきた雇用関係、職場の再編と消費生活の個人主義的再編の作用が、企業中心的な日本の社会経済の特性により、ある意味で成功してきているために、その反面で、こうした超少子化と急速な高齢化社会をまねいているとみなければならない。

こうした超少子化は、経済生活の原則的な基盤を自己破壊するとともに、より具体的には各種年金基金やそれにもとづく年金の保障額に重大な脅威を与え、健康保険などの社会保障にも大きな問題を生じさせ、医療費の個人負担の引き上げをもたらしている。学生数の減少にともない、大学をはじめとする教育機関の今後にも、深刻な懸念と動揺が広がっている。地域社会の活力の衰退や、国家財政の危機をいっそう深化させるおそれも大きい。それはまさに、日本経済の複合的な多重危機の構造的連関の重要な一環をなしているといえよう。

(4) 資本主義の限界

日本にとって資本主義とはなんであったのか。明治維新からちょうど一五〇年、この問題をあらためて問いかけてみたい。

本章でみてきたように、この間、日本は後発資本主義国として欧米先進国にキャッチアップする挑戦課題を追求して、経済発展の歩みを続けてきた。その歩みは、資本主義が世界史的には西欧先進国において一六世紀から数世紀を経て展開してきた発展を、一世紀余りに凝縮して体験するという劇的なダイナミズムに富んでいた。そこには、資本主義とはなにかをその世界史や原理にさかのぼり考えざるをえない、歴史的な経験が圧縮されてつめこまれている。そのいくつかの側面にあらためて省察を加えておこう。

第一に、日本資本主義は、世界史的にすでに西欧先進国が帝国主義段階に移行しはじめた時期に発足したために、早熟的に帝国主義的戦争を発展の契機とする傾向をともなっていた。

もともと資本主義は、古代や中世の世界帝国形成への武力的な支配の原理とは異なり、共同体社会のあいだにとり結ばれる平和的な交易に由来する市場経済の秩序を、その発展の基礎としている。にもかかわらず、資本主義の発生期には近代国民国家の形成過程で、商業覇権の角逐をめぐり戦争がたえなかった。資本主義の爛熟期には、金融資本の利害にそった帝国主義的植民地の支配やその再分割要求をめぐる世界大戦が生じている。それも資本主義の発展に内在する原理とその現実的な発展とのあいだに、読み解かれてゆかなければならない矛盾の重要な一面をなしている。平和的な商品交易のしくみにもとづく資本主義は、本質的に武力による侵略や戦争なしに存続しえない社会秩序ではない。自由主義段階のパックス・ブリタニカ、第二次世界大戦後の冷戦構造のもとにではあれ、パックス・アメリカーナの高度成長期、さらにはその後の新自由主義の時代のように、比較的に平和で大規模な戦争がなくても、成長しうる基調を示すことにもなりうる。

第二次世界大戦の内外にわたる甚大な犠牲を代償として、日本国憲法第九条が「国権の発動たる戦争と、武力による威嚇又は武力の行使は、国際紛争を解決する手段としては、永久にこれを放棄する」と述べ、その目的にそって戦力は保持しないと規定していることは、資本主義のしくみに内在する、そのような原理的一面にそった理念でもあった。

とはいえ、早熟的な後発帝国主義国として、日本資本主義は、日清戦争、日露戦争を戦った。第一次世界大戦では、その発展を大きく促進され、第二次世界大戦後も、みずからは参戦しないにせよ、朝鮮戦争とベトナム戦争の特需で経済的に復興や成長を大きくうながされた。その歴史的メモリーも、現代の日本資本主義の多重危機と衰退からの回復の道を探るうえで想起されやすい。現に安倍内閣のもとで、アメリカを中心とする世界軍事戦略に日本も武力貢献が可能となるよう平和安全法制（戦争法）が二〇一五年に可決され、さらにその延長上に第九条を中心とする改憲への策動がすすめられつつある。その背後には、憲法により禁止されている国際兵器市場への日本の復帰を、秘められた産業政策として伏在させているところはないか。二〇一七年七月の国連で採択された核兵器禁止条約に、アメリカなど核兵器保有五ヵ国に同調して、日本政府が参加・賛同しなかったことにも、世界と日本の多くの人びとがおどろき失望している。

日米安保体制がもたらしている重大なひずみと、負担を集中的に示している沖縄の反基地闘争を重要な一環として、反戦・護憲の社会運動は、日本資本主義の進路を左右する意義を増している。それは、反帝国主義戦争の闘いを資本主義をこえる社会変革に転ずべきであるとしたレーニン的戦略に、ただちに連なるものとは思えない。とはいえ、資本主義が、本来的には平和的な国際経済秩序を形成しうる原理を有していながら、ときに大企業の利害にそって国民的な協力と結束をもとめる戦争を発展の契機としてきた。その世界史的な経緯と日本資本主義の歩みを、その具体的な発展における払拭しがたい危険として重視し、省みることは大切な歴史の教訓であろう。

第二に、日本資本主義は明治維新以来の急速な発展を経て、アメリカ、ヨーロッパと並ぶ先進三極の一環をなす高度な発展水準に達していながら、その存立の原則的基盤をなす人間と自然の維持・再生産を損なう根源的な自己破壊の危機を深めている。前節でみた超少子化社会としての人口減少傾向は、その端的なあらわれのひとつといえよう。地域社会のそれにともなう過疎化は、耕地や山林の荒廃をまねき、がけ崩れや洪水を多発させ、その修復も容易でない。資本主義のもとで営利企業に促進されてきた自然科学や科学技術の発達は、こうした人間と自然環境との両面にわたる社会的な危機の深化に直接・間接にむしろ悪影響をおよぼしているのではないか。

二〇一一年の東日本大震災にさいしての東京電力福島第一原子力発電所の事故は、その安全性を誇っていた日本の原発技術が、大災害を広範な周辺住民と自然環境におよぼした重大な実例をなしている。これを教訓としてすでにドイツ、イタリア、スウェーデン、ベルギー、オーストリア、オーストラリアなどの国々では、国民投票などを経て民衆の意向にそって、脱原発路線を政策方針として決定した。そして、それを補う風力、太陽光などのソフトエネルギー開発につとめている。それは、アメリカに領導されてきた核戦略をめぐるグローバル・ガバナンス（世界統治）の体制に、先進国の民衆の運動がはじめて亀裂を生じさせ、ついで核兵器禁止条約を誘導した。

にもかかわらず、原発過酷事故を生じた日本は、この流れにのらず、多くの民意に反し、一時は全面停止にしていた全国各地の原発を順次再稼動させ、原発のプラント輸出をむしろ促進しつつある。その結果、ソフトエネルギー開発に後れをとり、地域社会からのエネルギー自給体制の拡充、それによる地球温暖化対策の強化にも大きく立ち後れつつある。

それは、先進国のなかで超少子化傾向のとくに顕著なこととあわせて、新自由主義的な企業優先社会の特徴を顕著に有する日本に示されている、現代的な資本主義の限界の重大な一面とみなしてよい。

第三に、日本資本主義は新自由主義のもとで、低成長から超低成長へ経済成長を大きく衰退させつつ、世界的なバブルとその崩壊の反復に重要な発端を与え、その後、金融の不安定性に大きく動揺をくりかえしつつ、経済格差の再拡大とそのもとでの新たな貧困の増大とが著しい社会経済秩序をもたらしてきた。それらの側面は、他の先進国の多くにも多少とも生じている新自由主義的資本主義によるグローバリゼーションと、金融肥大化をつうじての変容ともいえる。とはいえ、日本には、IT化による雇用関係や、消費生活の個人主義的再編とそれにともなう少子化、成長の衰退と、不安定性の増大、格差拡大の側面が、あきらかに企業優先的な資本主義の顕著な特性のもとに、いわば相互促進的に悪循環を形成する傾向がとくに強いのではなかろうか。

それは、明治維新をうけて身分制社会を解体する四民平等の理念を、「天は人の上に人を造らず人の下に人を造らず」と福沢諭吉が述べていた社会理念が、一五〇年たって自由な競争原理にもとづく資本主義のもとで、実際にはいかに経済生活のしくみに実現しにくいか、あらためて実感させるところといえる。

新古典派ミクロ価格理論をマーシャルから継承したケンブリッジ学派のA・ピグー

(1920) は、それぞれ他の条件が等しいなら、①国民所得の増加、②貧者に帰属する所得割合の増加、③国民所得の変動の減少は、経済的厚生（人びとの経済的満足度）を増加すると述べた。それは、第一次世界大戦後の社会民主主義の拡充への人びとの期待と通念を厚生経済学の観点で集約し、近代社会の理念としての自由、平等、人権を現代的に実現する方策を基礎づけようとした主張でもあった。

このピグーによる古典的厚生経済学の三命題にてらしてみても、現代日本の政治経済的な秩序は、あきらかに経済厚生を低下させ、人びとの期待や満足を充足させうる実績を示していない。マルクス経済学の観点からすれば、それはたんなる経済政策の失敗を示すものと総括できるものではない。むしろその根底に、日本を先駆的典型とする資本主義の発展が、社会的規制から解き放たれた自由で競争的な市場経済の現代的な作動をつうじ、近代以降の累積的な社会経済の変容の総体において、自然と人間の根本的な荒廃を自己破壊的にもたらす帰結を生じていることを認識し、批判しなければならない。

こうした意味で、世界史的に、日本資本主義の発展の軌跡は、アジアの国々のあいつぐ経済発展への雁行形態での先駆的な役割を果たしてきただけではない。むしろいまや先進諸国における資本主義的な発展とその現代的な限界を、明治維新後一五〇年の発展と衰退の史実をつうじ、いわば結晶のように凝縮されたモデルとして明示しているともいえるのではなかろうか。

その世界史的意義を念頭におきつつ、次章では資本主義の限界をどのようにのりこえることができるか、あらためて検討をすすめてみよう。

第6章

資本主義はのりこえられるか

1　初期社会主義の夢

資本主義はのりこえられるか。この問いはいま切実さを増している。

ひとつには、資本主義がその発足以降、理念としてきた自由、平等、人権（ないし友愛）が、その一極を日本も担うようになった先進諸国内部においても、グローバルにも、現実の経済生活には実現されず、むしろ経済生活上の不安定性と格差が再拡大して新たな貧困問題が深刻化し、人間と自然の再生産がおびやかされる多重危機が深化しているためである。

それればかりではない。資本主義をのりこえようとしてきた、社会主義の二〇世紀型モデルを代表していたソ連型社会主義が崩壊し、社会主義の思想と理論にも広く深い深刻な信認の危機が訪れている。そのため、人類の歴史的な進歩は、資本主義をのりこえてゆけるのかどうか、あきらかに見通しがたてにくくなっている。そこに生じている閉塞感をどう解きほぐしてゆくか。ここにも資本主義とはなにか、それを現代的にみきわめるうえで欠かせない問題がある。

ふりかえってみると、市場経済にもとづき利殖の動機に支配され動かされる資本主義のしくみのなかで、働く人びとの多くが不安定で過酷な生活を強いられる傾向を憂え、そのしくみをのりこえ、人びとが協力し安心して暮らせる理想社会を実現しようとする社会主義の思想やその構想は、資本主義の生成期から、さまざまな形で主張され、関心を集めてきた。一九世紀中ごろまでのそれら初期社会主義の多くは、つぎのような三つの特徴を共有していた。

第一に、事実上、資本主義のしくみがもたらしている多くの働く人びとへの生活の困難を、歴史的に特殊な社会状態として道義的に批判する。そのうえで、第二に、それにかわる理想社会のしくみを詳細な青写真（設計図）として構想し提示している。第三に、それを実現する役割は、社会的に有力な上層部の権力者ないし富裕者に期待している。

たとえば、トマス・モア（一四七八〜一五三五）は、ルネッサンス期においてヨーロッパ有数の知識人として、その深い学殖に尊敬を集め、エラスムスと親交を深め、オックスフォード、ケンブリッジ両大学の法務官、国王の顧問役にあたる大法官にも選任されていた。カトリックの信条にしたがいヘンリー八世の離婚と再婚、国教会の設立を容認せず、国家反逆罪に問われ処刑されている。そのいきさつは映画『わが命つきるとも』にも描かれていた。

その著書『ユートピア』（1516）は、第一部で資本主義発生期のイギリス社会の現実をきびしく批判している。すなわち、貨幣と貪欲が支配する社会となり、耕地の囲い込みにより、かつては穏やかだった羊が土地と農民を食いつくし、働く人びとの運命はいまや重荷を負った獣よりみじめになっている。これをうけて第二部では、国王で哲学者のユトプスがアブラクサ半島を征服し、生活物資共有制にもとづき、貨幣流通を排除したユートピア（どこにもない理想社会）がつくられ継承されている様子を、見聞してきたラファエルによる物語として紹介している。そこでは、それぞれ四〇人余りの家族員と奴隷二人からなる家族的農場六〇〇〇からなる五四の州とその州都があり、毎年、州都の都市人口の一定数が農民と交代する。労働時間は一日六時間とされ、全構成員に最大限の時間を精神の自由と教養のために確保している。人びとの生活は単純で贅沢を知らない。奴隷は、他国では死刑になるような囚人や、他国からの貧しい労働者だが、いつでも国を去る自由が許されている。

あれから五〇〇年経ったいまなお、資本主義をその発端において批判しそれをこえる社会の可能性を洞察した、この名著は、その輝きを失っていない。土地・不動産など富の偏在・集中が貪欲な利殖活動にともない、多くの人びとに住宅ローンの重荷を負わせ、ワーキングプアの大群を生みだしている現代の資本主義は、モアが告発している当時のイギリスからどれだけ改善されたといえるか。貨幣や貪欲に支配されない協同社会により、都市人口の交代制、労働時間の短縮、分権的州評議会の重視など、人びとの主体的な自由、平等、生活の安定を民主的に実現しようとする発想は、いまでも魅力的な示唆に富んでいる。ラファエルの物語には、モア自身が登場して、そのような共有制社会では、個人の利得への刺激、産業の動機が失われ、しごとがないがしろにされないかと問いかけているのも興味深い。ラファエルはそれに応え、それは私有財産に基礎をおく社会による懸念であるが、ユートピアの住民の心は、すでに生活の協同的しくみになじんでいて、そのような心配はない、と述べている。この問答も、ソ連型社会の資本主義への変革がなにを意味しているのか、現代的にその基本を再考させる深さを感じさせる。

いずれにせよ、資本主義の歴史は、自由、平等、人権（ないし友愛）を基本理念として発足しながら、その発端から、働く人びとの多くにとっては、その理念は現実的な経済生活では実現されえないことが、批判的に洞察され、それをのりこえる協同的社会の可能性が、いわばあわせ鏡のように探求されていることに注目したい。そこに示される人びとの自由、平等、人権の実質的な実現を求める発想は、第1章でも問題としたように、商品経済社会としての個人主義的主体の封建的共同体のもとでの束縛からの解放に、依拠するにとどまるものではなかった。

古代以来の哲学や宗教思想の一面にも、私有財産による貧富の差別や私利私欲を批判し、協同的社会の自然権としての自由、平等を尊重し、理念として重視する発想はさまざまな形で提示されてきた。プラトン（紀元前四二七〜三四七）は、少なくとも政治家には利己心を去って消費生活上の共有制によることを求めていた。ストア哲学も私有財産なき原始的自然状態での共同生活を賛美していた。中世のキリスト教の教父たちの一部にも、同様の発想は共有され、農民一揆を支える指導理念ともなった。モアの『ユートピア』はラテン語で書かれたが、そこにはギリシャ、ローマ以来の古典や神学に広く通暁している人文主義者としての著者の、深い教養が十分に活かされているといえよう。

モアを処刑したヘンリー八世のような王権神授説にもとづく絶対王政を廃止して、市民の生命、自由、財産をめぐる基本的人権を尊重する、議会による政治体制へ変革を求める市民革命は、イギリスにおいてピューリタン革命（一六四二〜四九）と名誉革命（一六八八）として実現された。

J・ロック（1690）はその正当化の論拠を、もともと神によって平等につくられた人びとに与えられている自然権として、基本的人権を保障するために人民の合意によって政府は形成されるものであるから、その目的に反する政体を廃止変革する革命権は、人民の基本的権利のひとつであると主張した。そのさい、ロックは、人びとがみずからの労働にもとづき獲得したものは私有されてよいはずであるとした労働所有権を、財産権の正当化事由の古典的表現として述べている。それは、古典派経済学の労働価値説や、ヘーゲルの法哲学にもひきつがれてゆく。しかし、労働所有権論は、土地の私有財産権、利潤、地代、利子などのいわゆる不労所得を合理的に正当化しうるものであるかどうか。

イギリスの市民革命の影響をうけて生じた、アメリカ独立戦争（一七七五〜八三）の理念を述べたアメリカ独立宣言（一七七六）や日本国憲法は、生命、自由、および幸福追求にたいする国民の基本権をうたっている。フランス革命（一七八九〜九九）では、自由、平等、友愛を三色旗に掲げ、私有財産権の位置づけについては、ロックの基本的人権の規定にかならずしもしたがっていない。

実際、典型的な市民革命といわれるフランス革命も、絶対王政とともに中世以降の僧侶、貴族の第一・第二身分の特権にたいし、第三身分として差別され支配されていた市民の国民公会による自由、平等、友愛を求める変革がすすむなかで、当初の立憲君主制の要求をかかげた穏健共和派のジロンド党の支配をのりこえてゆき、国王ルイ一六世や王妃アントワネットの処刑を経て、ロベスピエールの率いる急進共和派のジャコバン党が勢力をのばした時期には、中・下層民衆の立場にたつ徹底した社会変革へ転換していった。その局面では、私有財産権にもとづく、資本主義的な市民社会の枠組みをのりこえて、農民への耕地の全面的な再配分、有産者の投機利得の統制、経済生活の実質的な平等化の実現などが、専制的に（恐怖政治さえともないつつ）実現されようとしていた。

その試みはロベスピエールの弾劾処刑、穏健共和派の勢力回復により短命に終わった。とはいえ、その試みは、自由、平等、人権（友愛）の資本主義的市民社会の形成の基本理念そのものが、その徹底した経済生活上の実質的な実現のためには、資本主義の基本前提とする私有財産権をのりこえる社会主義的な変革を求める、潜在的な可能性を内包していることを映し出してもいる。と同時に、やがて二〇世紀に大規模に実験されたソ連型集権的社会主義経済の成長と挫折の軌跡を、先駆的な縮図として予示しているかともみえる。

フランス革命における市民革命の理念に導かれた社会変革のゆくえをめぐる、熱烈で奥深い論戦や実践の渦は、その後、さまざまな影響をおよぼしていった。とくに、もはや強大な国家権力の保護を不要とする資本主義が、一九世紀に自由貿易を実現し、自律的成長をとげるなかで、労働者の多くの生活が失業の脅威にさらされ、実質的な自由、平等を実現しえない現実を、いかに理解し、のりこえるか。フランスでは、サン＝シモン（一七六〇～一八二五）やフーリエ（一七七二～一八三七）らの社会主義の主張が関心を集めた。

サン＝シモンは、シャルルマーニュ大帝直系の伯爵家に生まれ、アメリカ独立戦争に義勇兵として参戦し、フランス革命ではジャコバン党を支持していた。その後、自然科学の社会学への適用を図り、『産業者の教理問答』（1823－24）などで、つぎのような展望を示した。すなわち、人類の有機的な社会構成体は、原始偶像崇拝時代から、奴隷制に対応する多神教時代、封建制に対応するキリスト教時代を経て、一五世紀以降に危機の時代に入り、科学的世界観と産業者の登場をみた。フランス革命は、この進歩をすすめようとしたが無組織状態となり挫折した。それにかわり、科学を代表する学者と産業者の協力により、「人みな兄弟」となるアソシエーション（協同）社会が形成されなければならない。そこではすべての人に労働が義務づけられ、平等な機会と能力に応じた配分が保障される。その主張はサン・シモニズムの社会運動を生じ、社会学の始祖A・コント（一七九八～一八五七）も弟子のひとりであった。

F・M・C・フーリエは、富裕な商人であったが、フランス革命で財産を失い、その革命の社会的結果に失望して、『産業的協同社会的新世界』（1829）で、望ましい未来社会の設計図を詳細に描いてみせた。すなわち、人類の歴史は、エデンの時代、未開、野蛮、文明の四段階をなしてきたが、最後の文明時代には、過剰そのものから貧困が生じてしまっている。それにかわる調和の協同社会が形成されなければならない。協同社会の基本単位は、人口一六〇〇～一七〇〇人からなるファランクスで、パレ・ロワイヤルに似たつくりの協同住宅での共同生活となる。そこでは機械化された農業が工業と再結合され、その日課は農作業と製造業の作業とを毎日、ある時間配分で組み合わせ、分業化による単能化をさけつつ、ファランクス単位での分権的な直接民主主義と、そのもとでの自律的協同生活を実現する。就労総時間は一日一四・五時間と想定されている。それは、当時のきびしい一般的な労働条件を反映しているとも読めるが、フーリエがいかに就労の変化と健康法で疲れないといっても、生産性が顕著に高まっている現代社会からみると長すぎる。むしろ一日六時間労働を提唱していたモアの構想のほうが魅力を増しているのではないか。

フーリエは、その詳細なファランクスを単位とする共有社会の青写真をかかえ、リヨンで規則正しい生活をおくり、「パレ・ロワイヤルの狂人」とよばれながら、毎日正午から、その体系を理解してくれる出資者が訪れるのを待ち受けていた。

他方、シモン・ドゥ・シスモンディ（一七七三〜一八四二）は、スイスの富裕な僧侶の家に生まれ銀行家となり、フランス革命当時に投獄されたが、その後『経済学新原理』（1819）などで、つぎのように説いていた。すなわち、資本の蓄積が機械による労働者の解雇と生産の集中による農民の収奪をつうじ、消費需要を狭隘《きようあい》化しつつ、消費需要の水準を顧慮しない生産増大をもたらし、その結果、生産の過剰が生じて、窮乏、災厄をもたらしている（過少消費説）。その解決の方途として、生産と所得の均衡を維持していた家父長的な農耕制度への復帰が望ましい。それは、資本主義の弊害をのりこえる方向として、中世的秩序を懐古的に賛美するロマン主義の風潮を、社会主義の思想と理論にとりいれたものとなっている。後にレーニンが対峙したロシアのナロードニキ（人民主義者）にその発想は継承されることになる。

こうした一連の初期社会主義の夢や構想を、イギリスではロバート・オウエン（一七七一～一八五八）が共有しつつ、ある程度それを実現する試みを示した。ウエールズの馬具・金物店に生まれたオウエンは、産業革命期のマンチェスターで資本家的経営者となり、一八〇〇年からスコットランド、ニューラナークの紡績工場で、労働・生活環境をととのえ、通常は一四から一六時間の労働時間を一〇時間に短縮し、託児所、学校、養老施設を併設した。その結果、労働者の深酒や不和がなくなり、作業効率があがり、むしろ増益となった。その方策を一般化するよう、政治家や富裕者によびかける『社会にかんする新見解』（1813－14）も公刊している。さらにオウエンは、一八二四年アメリカのインディアナ州にニューハーモニー村を建設して、九〇〇人の人びとを移住させ、共有制による協同社会の形成による実験をおこなったが、三年で失敗に終わった。その後、ロンドンにもどり、協同組合運動や労働組合運動、チャーチスト運動にも指導的な役割を果たしている。その影響のもとで、労働生産物を労働時間証券で交換しあう労働交換所の試みもおこなわれ、一九三〇年代と一九八〇年代以降における世界各地での地域通貨の実践に先駆的な事例も残している。

オウエンもふくめ、初期社会主義は、理想社会の構想を描きつつ、その実現は社会の上層部に期待していた。しかし、オウエンの社会的な実践を介し、しだいに働く人びととの主体的な理解と変革への活動を大切にする方向に、社会主義は拡充されていった。イギリスでは一八八四年に設立されたフェビアン協会が、ローマの将軍ファビウスがハンニバルと戦ったさいの忍耐を重ねた勝利への戦略にちなんで、その名称をきめ、学習を重視し、浸透の原理により漸進的発展をつうじ、社会主義を達成しようとする活動を続けた。劇作家バーナード・ショウ（一八五六〜一九五〇）や社会学者のウェッブ夫妻（一八五九〜一九四七、一八五八〜一九四三）らがその活動を支え、一九〇〇年に設立されたイギリス労働党の支柱となっている。このフェビアン的社会民主主義は、資本主義の枠内での社会改良や雇用政策にも意義を認め、その積み重ねをつうじて社会主義を実現する可能性を探るものである。

2 空想から科学へ

K・マルクスがF・エンゲルスの協力をえつつ創始した科学的社会主義は、近代社会主義の豊かな源泉と多様な試みの広い流れの意義を継承しつつ、それらの弱点を克服する重要な特徴を有していた。それによって、資本主義をのりこえる社会主義の試みに、世界の多くの人びとの関心をひきよせ、二〇世紀を革命の世紀とする指導理念となった。

もともと社会主義思想は、人類史を回顧・総括し、近代社会の現実が働く人びとの抑圧、差別、貧困を生じていることを道義的に批判し、それをのりこえる理想社会を提示し、その実現を（とくに社会の上層部に）期待する傾向があった。そのかぎりでは、近代以降の社会が、自由、平等、人権（友愛）を理念として掲げながら、現実の経済生活では、なぜそれに反する不平等な格差や不安定な危機をくりかえし生じ続けることになるのかを、正確に理解していたとはいえない。

とくに、一九世紀中ごろまで支配的な経済学説とみなされていたA・スミスやD・リカードの古典派経済学では、ロックの労働所有権論にも通底する労働価値説にもとづき、年々の労働の成果が、労賃、利潤、地代として取得されて、資本主義を構成する（労働者、資本家、土地所有者の）三大階級の経済的基礎となることに考察をすすめながら、そのしくみを調和的な自然的自由の秩序とみなしていた。その発想からすれば、労働の成果全体を労働者が労働所有権論にしたがい、取得しえないのはなぜか。その学問的な論拠が不明確であった。そのためP・J・プルードン（1841）は「財産は盗みである」と述べ、リカード派社会主義者は労働全収益権論により、労働の価値を労働者にすべて支払わせることが社会主義を実現すると考えた。資本主義が自然的秩序であれば、それをのりこえようとする社会主義はむしろ不自然で、人為的なしくみを求めるものと解釈されることにもなる。

これにたいし、エンゲルス（1891）によれば、マルクスは、唯物史観と、資本主義のもとでの剰余価値生産の秘密の解明、この二つの偉大な発見により、社会主義を空想から科学に発展させた。しかし、この印象的な要約は、いくつかの補整を要する。

マルクスは大学で法学を専攻しながら、哲学と歴史に深く興味をよせ、ヘーゲル左派の人間主義的な宗教批判に影響をうけつつ、より現実的な社会関係のもとで働く人びとの疎外関係の解明にむかい、古典派経済学に学びつつ、その自然主義的限界を批判的に克服する方向をさぐり、資本主義をのりこえる社会主義の思想と運動の論拠を、学問的に確かめる作業にとりくんでいった。レーニン（1914）が指摘しているとおり、当時のヨーロッパ世界で批判的知性をそれぞれに代表していた、ドイツの古典哲学、イギリスの古典派経済学、およびフランス社会主義がマルクスの思想と学説に継承され活かされていったとみてよい。

そのような挑戦的な作業をすすめるなかで、マルクスは唯物史観を創始している。そこでは、人類史をほぼつぎのような歴史観に総括している。すなわち、①人間社会は生産力の一定の発展段階に対応する生産関係を現実の土台とし、そのうえに政治的、法律的上部構造や社会的意識の諸形態が形成される。②生産力の発展がある段階に達すると生産関係が、その発展形態からその桎梏《しっこく》（あしかせ）に転化し、社会革命の時代が訪れる。③そのような変革を反復しつつ、経済的な社会構成が進歩してきた段階として、大ざっぱにいって、アジア的、古代的、封建的、近代ブルジョア的な生産様式をあげることができる。ブルジョア社会の胎内での生産力の発展は、敵対的階級関係への解決の条件をつくりだし、人間社会の前史を終わらせるはずである。

この雄大で強力な人類史の要約は、マルクス（1859）が回顧しているように、その後の研究に「導きの糸」として役立てられた。たとえば、エンゲルスとの共著『共産党宣言』（1848）は、唯物史観を適用して、資本主義はのりこえられる必然性がある、とよびかけた不朽の名著である。とくに第一章は、「今日までのあらゆる社会の歴史は階級闘争の歴史である」とする印象深い名文にはじまる。そして、近代的生産力の発展にとって、封建社会の所有関係が桎梏となり粉砕された結果、ブルジョア階級とプロレタリア階級との二大陣営に階級闘争が単純化されてきた。ブルジョア的な所有関係が生みだした魔法のような生産力の発展は、またその存立を脅かす商業恐慌を反復させ、プロレタリア階級の生活を不安定にし、貧困化しつつ、かれらを大集団に凝集せしめ団結し、闘争するようにうながす。それゆえ、ブルジョア階級は、大工業の発展とともに「彼ら自身の墓掘人を生産する。かれらの没落とプロレタリアの勝利はともに不可避である」と考察をすすめている。これをうけて、全巻を「万国のプロレタリア、団結せよ！」といまなお世界にこだましているフレーズで結んでいる。

このような唯物史観と、それにもとづく資本主義批判と社会主義の主張は、多くの人びとの心をとらえ、動かす魅力にあふれている。しかし、資本主義の経済的なしくみがどのような意味で、特殊な歴史社会として存立し成長しうるのか。ことに、そこでの剰余価値の生産関係は、なぜ不正や盗みではないのか。さらに経済機構の内的矛盾とその発現としての周期的恐慌の原理をどのように理解すべきか。学問的に正確にあきらかにされなければならない、理論的な課題が残されていた。マルクスは、その後半生をかけて、それらの課題を体系的に解明する主著『資本論』の準備、執筆作業にとりくんでいる。それによって、人類史の仮説的な要約としての唯物史観にも、それにもとづく社会主義の思想にも、科学的で客観的な論拠が与えられることを意図していた。その成果をふまえてみれば、資本主義については、たしかに政治、法律、社会思想などの社会の上部構造にたいし、経済的な土台が市場経済にもとづき自律的に運動しつつ、その内部に生産力と生産関係との矛盾を内包しつつ発展する原理が示され、そのかぎりでは唯物史観に社会科学としての経済による学問的な論拠が与えられることになる。その意味で、唯物史観は科学的史観といえるし、マルクスによる社会主義も、その思想や運動に学問的論拠があるという意味で科学的社会主義といえる。

もっとも、唯物史観にしても、人類前史を大ざっぱにブルジョア的生産様式にいたる四段階の階級社会に総括したことについては、それにさきだつ原始共有制社会の存在があったことを、晩年のマルクスとエンゲルスも補足的に認め重視するようになっていた。資本主義に先行する共同体的社会についても、その発展は、地域によっては単線的でない、多型的で複合的な歴史経路となることも認められてよいであろう。また、その発展に、古くから商品経済が、主として共同体的社会のあいだの交易関係から発生し、共同体内の生産関係にも重要な影響をおよぼすことがあったことも、補足的に注意されなければならない。あわせて、経済的な土台となる社会的生産関係との対応関係をつうじ、その人類史的な発展と変化の推進力とみなされた生産力の上昇も、生産関係による制約や促進作用をうけるとともに、その発展の経路や質的内容に、選択の幅が広げられてきているのではないか。たとえば、原発の可否や地球温暖化問題など、エコロジカルな観点からの配慮が、現代的には生産力の上昇の単線的でない社会的選択・統御の可能性を問いかけている。

こうした論点をふくめ、唯物史観の内容を補足して、より豊かな内容にしてゆくことは、これからの社会主義のためにも必要な補整ではなかろうか。唯物史観を「導きの糸」としつつ、その史観にむしろ学問的論拠を与えたマルクスの『資本論』の理論体系の要点は、すでに本書の第1章、第2章でもとりまとめられている。ここではマルクスによる社会主義の特徴をあきらかにする観点から、その内容をふりかえり、つぎの四点をあらためて強調しておこう。

すなわち、第一に、市場経済を形成する商品、貨幣、資本の形態は、もともと人類史上ごく古くから、共同体社会のあいだの交易関係から発生し、K・ポラニー（1944 など）風にいえば、現物経済による互酬、再配分のしくみを主とする共同体的社会にたいし、外来的で周辺的な経済関係をなしていた。資本主義は、土地の私有財産化による大量の無産労働者の形成を介し、労働力の商品化を歴史的な前提条件として、商品経済を社会内部の経済活動の基本に転化し、さまざまな共同体関係を解体してゆくところに発生し、発達する、徹底した商品経済社会をなす。そこに商品経済社会としての形式的契約の自由、平等、人権が普遍的な理念とされる基礎が与えられる。

従来、マルクスの社会主義は市場経済を排除する協同的な計画経済の実現をめざすものと考えられてきた。最終的には、それをめざすことになるにせよ、自由な個人のアソシエーションとマルクスが規定している協同社会が、分権的な生産手段の共有制により労働力の商品化を止揚しつつ、労働者協同組合やその連帯による地域共同体を基礎として、強大な国家への権限集中を回避しつつ建設されてゆくさいに、人類史的に古くから生じていた、商品経済の形態が統御されつつ、調整機構のひとつとして利用される市場社会主義の諸形態も、マルクスによる商品経済と資本主義の歴史性の理論的解明にもとづき、構想可能とみなされてよいのではないか。

第二に、資本主義の基本前提となる労働力（商品）の価値は、マルクスによれば、世代をこえて労働力を再生産するのに必要な（生活手段に対象化される）労働時間に規定され、一日あたりのその平均価値は、労働力（商品）の使用価値としてひきわたされ、資本が入手する一日あたりの労働時間とは異なる。労働力の価値実体が一日あたり六労働時間で、一日あたりの労働力の使用価値が一二時間であれば、必要労働をこえる剰余労働六時間が剰余価値の源泉として資本に取得される。古典派経済学は、「労働の価値」を支払われた労働者が、「労働の価値」を職場で資本にひきわたすと述べていたので、その表現では労働価値説により剰余価値がなぜ労働者に帰属しないのか、あきらかでなかった。資本主義に反対していたマルクスにより、資本主義が盗みや不正によって成り立っているのではなく、むしろ合理的な存立構造をなしていることが、はじめて学問的に解明されたのであった。

その理論的考察は、資本主義が自然的秩序ではなく、社会のあいだに生じていた商品経済のしくみを、社会内部の編成原理に転化したところに成立することを明確にした。それと同時に共同体的社会でも、原始共有制社会を除けば、奴隷であろうと農奴であろうと、生産者がみずからの生活維持に要する必要労働とそれをこえる剰余労働をおこない、その剰余労働の成果が支配階級の生活と支配の基礎となってきた、人類史上の階級社会に共通する経済生活の原則的内容を、資本主義も、維持実現する特殊な階級社会をなしていることを明確にするところとなっていた。

その意味で、マルクスの創見をなす資本主義的社会における剰余価値生産の原理は、同時に労働力の商品化を廃止して、資本主義をのりこえ、無階級社会を実現して、働く人びとの実質的な自由、平等、人権を主体的に実現する社会経済の実現をめざす社会主義にたいし、その可能性の論拠を学問的にあきらかにしたことになる。と同時に、相互扶助的な協同社会のなかで、剰余労働は廃止されるのか、あるいは社会的蓄積、共同消費、災害への保障などにあてる剰余労働の役割が残され、むしろ大きくなることとさえ考えられるのではないか。むろん剰余労働は、社会主義になれば、一部の支配階級の経済的な基礎となる役割は失い、社会成員全体の福祉に直接・間接すべて役立てられることになるはずである。その意味では、剰余労働を社会的な蓄積や共同消費などのために用いるかぎり、階級社会としての剰余労働は廃止することになるから、内容上は剰余労働の廃止か存続かはあまり大きなちがいのある問題にはならないともいえる。

とはいえ、ソ連型集権的計画経済で共同消費の範囲を大きくした結果、労働の報酬にあたる労働者所得部分は、縮小され、公定価格の体系で労働投入のコストが低評価され、それだけ公企業の剰余が大きくなり、それが国家に集められて、党や国家の官僚の再配分の権限を大きくする効果を生じていたことも反省されなければならない。そのモデルを反転して、社会的に労働の成果は剰余労働を残さずすべて労働の報酬に配分する社会主義的極大賃金（極大s賃金）モデルを想定すれば、公定価格による計画経済であれ、市場社会主義によるのであれ、生産物やサービスの価格は労働投入量と比例することになり、生産と配分の両面において、マルクスが示唆していたような、労働時間の投入と配分関係が透明にわかりあえる協同社会がつくりやすくなる。共同消費や、蓄積ないし災害の保険のための基金は、その場合、労働報酬から拠出されることになるが、それを国家に集中するか、分権的に地域社会、協同組合的企業にある部分をゆだねるか、その比率や用途の配分を決定する働く人びとの民主的なしくみをどのように組織するのが望ましいか。それぞれの社会で実践的に解決しなければならない重要な課題がここにも残されているといえよう。

それとともに第三に、資本主義は、その存立の基本条件としての労働力の商品化に、内的矛盾の根源をおいていることも明確にされた。とくに、資本蓄積の進行をつうじ、完全雇用が近づくと、労働力（商品）の供給制限にたいする資本の過剰蓄積が、労賃上昇による利潤圧縮をまねくとともに、信用機構の弾力的な膨張可能性がむしろ投機的取引を助長して、その反動をふくめ、恐慌による資本の破壊を生ずる古典的な景気循環の反復は、資本主義がその内的矛盾の発現を必然的にともなう特殊な歴史社会であって、調和的な自然秩序ではありえないことを明示していた。恐慌に続く不況局面では、失業や半失業の労働者の貧困問題が、労働力の商品化の無理を、労働者の経済生活の面において明確にし、しかも資本主義は、その局面において資本構成を高度化し、産業予備軍としての総体的な過剰人口を追加的に形成する傾向を強める。そこに資本のもとでの生産性上昇の転倒した特殊で歴史的な作用が示されていた。

こうしたマルクスの恐慌論から、資本主義に内在する経済生活の不安定な変動が、労働者に与える矛盾した抑圧と貧困を根本的に廃止し、生産性上昇の成果を働く人びとの生活の安定と向上に役立てるには、労働力の商品化にもとづく、資本主義をのりこえる社会主義に期待すべきであることも学問的に示唆されている。それとともに、資本主義と異なる社会主義の特徴として完全雇用を想定してきたことにも、ソ連型社会の経験からみて、反省が加えられてよいであろう。弾力的に動員可能な労働力の余裕がなくなれば、イノベーションによる新技術、新産業の導入や展開も、計画経済であろうと市場社会主義であろうと著しく困難となる。生活を保障しつつ、労働能力の向上にもあてる休職期間を、社会主義的産業予備軍として、交代制でととのえてゆくことも、変化、発展を大切にするこれからの社会主義では重要な一面とされてよいであろう。

第四に、マルクス以前の初期社会主義が未来社会の望ましい詳細な設計図を描いて、概して、社会の指導的上層部にその実現を期待していたのに対し、『資本論』でも他の著作でもマルクスは、資本主義をこえる「自由な個人のアソシエーション」としての未来社会について、いくつかの要点は示唆しているにせよ、具体的で詳しい構想は描いていない。むしろ、それは意識的に回避しているように思われる。社会主義の可能性と原理は、資本主義の原理の学問的考察により、その裏側に洞察されるべきところであり、具体的な未来社会の構想は、それにもとづき、歴史的な条件や人びとの主体的な選択をつうじ決定されてゆかなければならないところが多く、それを一般的にあらかじめ提示することは、客観的な社会科学の課題ではないとみていたといえよう。

もっとも初期社会主義の多くが社会の指導的上層部に、資本主義をのりこえる理想社会への実現の期待をよせていたのにたいし、マルクスは、資本主義の成長が労働者の団結、結集をうながし、その階級闘争による自己解放こそが社会主義を実現する道であることは明確にしていた。

しかし、実現されるべき変革後の無階級社会の具体的な設計を提示していない方法論的特徴は、ときにはマルクスの社会主義論の弱点とみなされ、現実的な社会主義運動に混乱や対立を生じやすい一因ともなってきた。しかし、ソ連型社会主義の崩壊をうけて、二〇世紀型社会主義に危機が深まっているなかで、それにかわる多様な社会主義のモデルを広い視野で再考するうえでは、かえって不思議な魅力を増しているのではなかろうか。

3 ソ連型社会主義の成長と崩壊

資本主義をのりこえる社会主義の多様な潮流のなかで、一九世紀の後半になると、マルクスとエンゲルスの創始した唯物史観と、『資本論』の経済学による科学的（論拠をもつ）社会主義がしだいに世界的な信頼を集め、労働者運動の主要な基礎とみなされるにいたる。マルクスとエンゲルスが、その結成と成長に尽力していた第一インターナショナル（国際労働者協会、一八六四～七六）に続き、労働者運動にもとづき、議会で勢力を伸ばしていったドイツ社会民主党を中心に組織された第二インターナショナル（一八八九～一九二〇）

も、マルクス主義を基礎としていた。その内部で二〇世紀初頭にかけて運動方針につき三つの論争が生じた。

第一は修正主義論争であった。それは、エンゲルスの継承者のひとりとみなされていたE・ベルンシュタイン（1899）が、イギリスでのフェビアン社会主義の影響もうけて、ドイツ社会民主党の『エルフルト綱領』（1891）の前半部での、社会の両極的な分解傾向により社会革命が必然化されるという基本綱領は、資本主義の現実的な変化から妥当性を失っており、むしろ後半部での日常的な社会改良の課題にもっぱら集中するよう修正を求めたことにはじまった。これに反論したマルクス派の多くの論客は、一方でカウツキーをはじめ、資本主義を変革する論拠を示したマルクスの理論へのベルンシュタインの誤解を正すとともに、他方で日常的な社会改良のみに重点をおく社会民主主義は資本主義の局部的な補正に終始し、その体制維持の補助手段となる危険を強調していた。しかし、ローザ・ルクセンブルク（一八七〇～一九一九）が指摘していたように、社会改良は手段であり、資本主義をこえる社会革命が目的であるとすれば、その両者は補完的にも理解しうるともいえる。

第二に、一九世紀末の大不況（一八七三～九六）を介し、資本主義列強が自由主義から帝国主義に経済政策の基調を変えたことを、いかに理解するかをめぐる帝国主義論争が生じた。修正主義論争も内容的には、恐慌の形態変化や株式会社の普及の意義をふくめ、事実上、この時期の資本主義の変容を『資本論』の経済学にもとづき、どのように理解すべきかを問いかけているところがあった。しかし、カウツキーは、この時期の資本主義にも農民層の事実上の賃労働者化がすすみ、株式会社も資本の集積、集中の促進作用を果たして、資本主義の両極分解の原理が、いぜん貫徹されていることに考察の重点をおき、帝国主義政策がなぜ、この時期に重視されるようになりその帰結はなにか、解明する努力を欠いていた。これにたいし、ヒルファーディング（1910）とレーニン（1917）は、『資本論』にもとづき、資本主義の新たな発展段階としての帝国主義段階において、重工業の成長にもとづく金融資本の資金の動員と独占組織の形成にともなう、帝国主義的政策への転換が、世界戦争の危機をまねきつつあることを、資本主義の世界史的発展段階論として考察する試みを提示した。

これをうけて第三に、帝国主義世界戦争の危機に労働者運動がいかに対処すべきかが重要な論争問題となった。カウツキーらの第二インターナショナル中央派は、労働者運動とその議会代表部の勢力を温存し、戦後に期待する方針で、戦争予算にあえて反対せず、結果的に、戦争により国際労働者運動が敵、味方に分裂し崩壊する結果をまねいた。レーニンはこれに強く反対し、ロシア社会民主党内のボルシェビキ党をひきいて、列強の帝国主義世界戦争は、いずれの側からみても労働者階級の利害に反する金融資本による世界市場分割戦にほかならず、その危機は労働者、農民、兵士の結束を求め、反戦の闘争を社会変革の好機に活かす戦略によってこそのりこえるべきであると訴えて、ロシア革命を領導した。

その過程で、帝政ロシアのもとでの過酷な弾圧に抵抗して、ボルシェビキ党の組織を守り、拡大してゆくために、鉄の規律をもって民主集中制による党中央の方針に全員がしたがう組織方針が強調され、その方針は革命後のソ連共産党にも継承される。その党組織のもとで、議会制によらず、むしろ労働者、農民、兵士の代表による評議会（ソビエト）を重視して、反戦闘争を急進的な権力奪取に結びつける一〇月革命を成功させたことが、その後のソ連型社会のなかでのソ連共産党の指導的な役割を歴史的に準備する契機となった。

実際は、革命後、数年にわたる日本をふくむ列強からの反革命干渉出兵への防衛戦、さらに国内の反革命派による内乱に対処しつつ、きびしい経済危機を乗り切ってゆくためには、ソ連共産党の強固な規律と指導体制が、革命の維持継続に不可欠であったことも見逃せない。ローザ・ルクセンブルクは反戦闘争の意義を強調し、ロシア一〇月革命にドイツ社会民主党指導者のなかでいち早く支持を表明したが、その進行過程で、少数のソ連共産党中央部の独裁支配が強化され抑圧的テロリズムも行使していることには、労働者デモクラシーの立場から批判を加えていた。レーニンが期待していたドイツ革命が敗戦の危機のなかで実現されれば、その社会主義建設の様相は、ソ連型と異なっていた可能性もある。いずれにせよ、一〇月革命直後、レーニンは、多様なウクラード（経済制度）が混在しているロシアのなかで、現実には国家資本主義のウクラードが重要な役割を有しているとみて、社会主義のウクラードの基礎を海外から技術を学びつつ、順次つくりだしてゆこうと提唱していた。しかし、一九一八年四月に海外列強の軍事干渉が開始され、五月には内乱もはじまり、それに対処するため、三年にわたりソビエト政府は、戦時共産主義への転換をせまられた。その時期に、農民には過酷な食料割りあて徴発がおこなわれ、大規模工業企業は全面的に国有化され、現物経済による中央集権的な経済管理が強行された。

それにさきだつ戦争と革命の打撃に加え、干渉戦争や内乱の危機の下で、性急な戦時共産主義の徴発、動員の管理、抑圧の無理も重なり、農業生産は戦前の半分、工業生産は七分の一まで低落していった。

そこで、レーニンは一九二一年三月の共産党大会で、ネップ（NEP、新経済政策）への転換を提唱した。ネップは、商品・貨幣関係を回復し、農民は剰余生産物の一部を納税すれば、他は自由に処分できるようにし、私的商業も復活させ、小規模工業企業も国有化を解除し、旧経営者の手にゆだね、大工業企業にも独立採算制を認めたが、銀行、運輸とともに「管制高地（戦略的重要地点）」としての大企業の国有形態は保持された。このネップのもとでソ連経済はかなりの回復を示し、一九二五年までに農業は戦前の八七％、大工業は七五％程度に到達する。それは、市場社会主義ないし社会主義市場経済の一類型を先駆的に実験した事例とみることができる。とはいえ、一九一九年の戦時共産主義下のロシア共産党綱領が一九二二年のソ連邦の結成以降も、（一九六一年まで）ソ連共産党の綱領とされていたことからもうかがえるように、ネップはソ連経済回復のための市場経済への一時的、戦術的な譲歩にすぎないものとみなされがちであった。

ことに、一九二四年のレーニン死去の後、その後継者の位置をスターリンが占めてゆく過程で、ネップの継続と世界革命路線を提唱していたトロツキーやブハーリンを失脚させると、一九二五年一二月の党大会で一国社会主義建設の方針と、それにそった重工業優先の工業化路線をうちだし、一九二八年一〇月から第一次五カ年計画を開始し、ネップを終了させた。

ついで第一次五カ年計画の実施過程で、ソ連経済は、集権的な計画経済による大規模な工業化を推進する。そのための基礎として、農民を大規模な協同組合（コルホーズ）または国営農場（ソホーズ）に集団化し、富農を排除し、強制的な穀物取り立てを実施した。その結果、一九三二〜三三年には三〇〇万〜四〇〇万人の餓死者が農村に生じたという。

こうした農村の収奪を犠牲としつつ、ソ連経済は一九三二年には機械工業と金属加工業の生産額を二八年の四倍に伸ばし、農業国から工業国に転換し、それに続く第二次五カ年計画の進展とあわせ、国民経済の全部門の社会主義的改造を完了したとみなされた。具体的には、土地をふくむすべての生産手段が、国有ないしコルホーズ＝協同組合的（公的）所有のもとにおかれ、家父長的小経営、私経営的資本主義、国家資本主義といったウクラードが排除されて、搾取階級が一掃されたと考えられたのである。

その過程でスターリンは、政敵や反対派を大量粛清により弾圧し、共産党と国家官僚による個人崇拝的で抑圧的な支配体制（スターリン体制）を形成し、さらにその組織方針を支持するよう、コミンテルン（第三インターナショナル、一九一九〜四三）をつうじ、世界各国の共産主義運動に指示するにいたる。

一九三六年一二月に採択された、いわゆるスターリン憲法では、ソ連社会は、資本主義から社会主義への移行を完了し、友好的な労働者階級、農民階級、およびインテリゲンツィア層の協力のもとに、生産力の発展を動力として調和的に共産主義への移行をすすめつつある、と宣言された。

ほぼこの時期までに形成されたソ連型社会主義計画経済は、第二次世界大戦における過酷な反ファシズム大祖国防衛戦争の試練に耐え、戦争末期の赤軍の進駐地や、戦後の旧植民地支配からの改革解放を求める途上国の社会主義的変革にも有力な先駆的モデルとみなされた。そして、東欧諸国、朝鮮人民共和国、中国、ベトナム、キューバなどにも大きな影響を与え続けた。その結果、戦後の冷戦構造のもとで、マルクス主義にもとづき、資本主義をのりこえる変革をめざす社会主義国が、世界人口の三五％、土地の三〇％を占めるにいたる。

そのような二〇世紀型社会主義の典型とされたソ連型集権的計画経済は、その抑圧的で非民主的な政治社会システムに、大きなゆがみをともなってはいたが、経済体制として機能していなかったとはいえない。むしろ一九七〇年代中ごろまでのおよそ半世紀にわたり、かなりの成果もあげ、大多数の資本主義先進国をこえる成長力も示していた。

ことに一九三〇年代には、資本主義世界が深刻な大恐慌に苦しんでいたのにくらべ、ソ連は順調に五カ年計画をあいついで達成し、失業問題を生じない労働者国家として、資本主義をのりこえる有望な代替的秩序を実現しつつあるとみられ、威信を高めていた。戦後の冷戦構造のもとでも、対GNP比約一五％の軍事費（アメリカでのその比率のほぼ二倍）の負担を負いつつ、世界第二位の工業国となり、アメリカのほぼ三分の二の工業生産、軍事力ではほぼ対等の超大国に成長している。一人あたりの国民所得の水準でもアメリカの二分の一、西欧諸国の八〇％程度に達していた。それればかりではない。働く人びとへの雇用機会と解雇されない保障、女性の広い範囲での職場参加とそこでの対等な地位、人びとの平等な生活水準の向上にむけて、無料またはごく安価な育児、教育、医療、公共交通機関の整備、低廉な住宅や生活必需品の提供、手厚い年金制度などの側面で、労働者国家としてのすぐれた特徴をかなりの程度ととのえていた。そのことが資本主義先進国にも大きな影響を与え、労働組合運動にもとづく社会民主主義と福祉国家の拡充をうながす側圧として作用していたことにも注意しておきたい。

そのような社会主義的な特色をともないつつ、ソ連の集権的計画経済が、成長を続けていた基礎には、つぎのような四つの恵まれた条件が前提となっていた。

すなわち、第一に、その一国社会主義建設を可能としていた重要な条件のひとつは、世界最大の領土内に、石炭、石油、各種金属鉱脈など、工業化に要する多様な天然資源に豊富に恵まれていたことであった。そのためソ連は、世界恐慌や戦争、さらには冷戦による国際交易の収縮や困難の影響をあまりうけずに経済成長を内的に継続しえた。

第二に、この時期に支配的であった重工業は、軍事産業をふくめ、大規模な設備投資とその設備の外延的拡張をすすめるうえで、集権的計画経済による管理に適合的であった。

第三に、大規模な工業化と都市化に必要な動員可能な労働力が、未就業の女性や農村地帯に豊富に存在し、農村部からの労働力供給の余裕は、工業化にともなう農業機械や化学肥料、農薬などによる農業の生産性上昇によっても積み増しされていった。

第四に、ソ連型計画経済の作動には、ノルマにしたがい生産拡大に対応する労働者の職場での協力が不可欠である。その協力は、抑圧的な威圧や査問によっていた面もあるにせよ、さらに新たな労働者国家建設の理念や、その方向にそった生活の安定、向上の実感、ファシズム国家の侵略への祖国防衛や、アメリカの軍事的脅威への対抗心などにより、維持され支えられていた側面も大きかったにちがいない。

ところが、一九七〇年代後半以降、ソ連経済は成長率を顕著に低下させ、摩滅したといわれるにいたる。ソ連の公式統計では、一九六六〜七〇年には七・八％あった（年平均）実質経済成長率が、一九八一〜八五年には三・六％に転落し、実態はゼロ成長に近づいたとも推測されていた。その原因はなにか。資本主義先進国の高成長がそれを支えていた条件を使いつくして、七〇年代初頭に一連の危機をむかえたように、ソ連経済もその成長を継続的に支えていた四つの条件に限界を生じ、資本主義世界にやや遅れて、危機をむかえたのではないか。

ことに、P・スウィージー（1980）も指摘していたように、工業化に大きな支えとなっていた農村部や女性の産業予備軍が枯渇し、人口の増加率も低下してゆき、労働力の供給余力の制約がきびしくなっていった。と同時に、当初は豊富に存在していた天然資源も、量的拡大による計画指標達成に関心をよせる官僚的な計画管理のもとで、容易に利用可能な鉱脈、森林などから、しばしば浪費的に使用されて、その節約の技術や努力に欠けていたので、天然資源や工業原料などの供給余力も乏しくなっていった。

労働力、石油、その他の資源や原料の相対的不足は、資本主義世界には七〇年代初頭にインフレの悪性化をもたらしたが、ついで公定価格によるソ連の集権的計画経済には、コルナイ（1984）のいう「不足の経済」の悪循環を生じ、経済停滞を深化させていった。生産財の相対的不足は、それらの配分、補給にあたる国家機関の官僚の立場を強め、ノルマを達成しなければならない各企業の責任者は、その入手の懇願に多くの時間や費用を要し、入手可能な生産財はできるだけ在庫に積み増しを試み、その結果、また生産財に不均衡な不足が深刻化し、最終生産物も不足していった。そのため、消費者としての労働者は、必要な生活手段を入手しうる売り手を探して、多くの時間を費やし、長い行列に耐えなければならなくなり、不満を募らせる。

しかもソ連の集権的計画経済は、軍事部門、大規模な生産手段生産部門の優先の伝統にしたがい、消費手段の質と量の改善、その配分機構のサービスに十分な配慮を欠く傾向が強かった。計画経済のノルマの策定もその達成のしくみも、官僚的な管理のもとでは、新たな製品の開発や導入は、手間と危険が大きいとみなされ、回避されがちとなる。そのうえ、この時期に資本主義世界に導入される情報技術は、中央集権的な管理に不適合とみなされ、情報管理の観点からも民生化を遅らせていた。そのため、パソコンやオーディオ機器などの情報技術を組み込んだ消費財の入手可能性では、アジアの新興国にも後れをとっているのではないか、と感じられ、それらを特別の店舗で買える「赤い貴族」といわれた党・国家の官僚層の特権にも不公平感が強まった。

革命第一世代や大祖国防衛戦争を経験した献身的な世代の比率が減少してゆき、人手不足で職場での立場が強化された労働者のあいだでは、職場での飲酒、怠惰、常習的欠勤などが広がり、正規の勤務時間外における、私的顧客のために職場の用具や材料まで用いてアルバイト作業をおこなう「ムーンライト」にはげむ慣行も広がった。そのようなヤミの地下経済は公的経済の少なくとも一〇%をこえ、五〇%にも達していたともみなされている。計画経済に不可欠な働く人びとの協力が大きく損なわれつつあったといえよう。

こうしたソ連経済の危機的「摩滅」にたいし、一九八五年にソ連共産党の第一書記に就任したM・ゴルバチョフ（1987）は、より良い社会主義にむかうペレストロイカ（立直し）をよびかけた。しかし、その体制改革の方針は、グラスノスチ（情報公開）、表現の自由、民主化に重点をおき、一九七八年以来、すでに中国がすすめていた経済体制の改革開放による社会主義市場経済にむけての経済体制の変革は後回しにされていた。中国の鄧小平による体制改革が、それにさきだつ毛沢東のもとでの文化大革命による官僚体制の弱体化と経済生活の混乱からの回復を図っていたのに対し、ゴルバチョフの体制改革は、多年にわたり機能し続けていた集権的計画経済とそれを支配してきた党・国家官僚の強固な既得権益をともなう管理機構を変革することに、多大な困難をみていたにちがいない。

その点では、レーニンがソ連社会主義の建設に国家資本主義を、なお重要な要素とする多ウクラード制による漸進的な変革論から、戦時共産主義の急進的計画化を経てネップにいたる体制モデルの変革を短い数年間に弾力的に試みていた状況とは、歴史的・社会的な基盤が異なっていたともいえよう。とはいえ、その問題点をふくめ、ペレストロイカは、ソ連経済停滞化の基本的原因を総合的にあきらかにする試みに裏付けられていたとはいいがたい。その意味でマルクスの基本的方法を活かすものであったかどうか。むしろ計画経済の「摩滅」にともなう民衆の不満にたいし、少なくとも当初は職場での飲酒禁止のようなモラルに訴えての立直しにもっぱら期待する弱点もみられた。その背後に、集権的計画経済による社会主義を唯一の科学的社会主義の道として絶対化し、そのうえで民主的で人間主義的な再生に期待する発想が伏在していたとも思われる。

いずれにせよ、ゴルバチョフは、経済体制改革を後回しにして、民主化を先行させ、その見地から一九八九年六月には、それぞれの国民はみずからの進路を決定する権利を有することを、コール西独首相と共同で声明した。スターリン体制以降、多民族国家のソ連邦内でも公的言語や教育をロシア中心主義とし、東欧諸国にもソ連の指導や干渉をくりかえしていたなかで、歴史的に鬱積していたソ連圏内の民族の自決と自立を求める民主化運動は、それを契機にいっきに促進される。一九八九年の一連の東欧革命と一九九一年のソ連解体がそれによって実現され、その後、実施された選挙をつうじ、東欧諸国とロシアをふくむ旧ソ連諸国には、新自由主義的資本主義化がすすむこととなった。こうして資本主義をこえようとするソ連型社会主義の壮大な歴史的実験は、その中枢部で挫折し、崩壊したのである。

4　二一世紀型社会主義の可能性

革命の世紀ともいわれた二〇世紀型社会主義を領導していたソ連型社会の崩壊は、資本主義をのりこえる社会主義一般の失敗を意味するとみなされがちであった。しかし、冷戦構造が思いがけないかたちで終焉した後に、勝利をおさめたかにみえたアメリカを中心とする先進国の新自由主義的なグローバル資本主義も、成功をおさめていない。むしろ資本主義に内在する不安定な経済危機の反復、格差拡大、人間と自然への荒廃作用を激化しつつ、成長率の低下をともなう衰退傾向を示し続けている。アメリカを震源地とするサブプライム世界恐慌と、その後の先進国の経済回復の困難は、あらためて資本主義の中枢部に広がる閉塞感を深化させている。

そこから、資本主義はのりこえることができるか、社会主義の深い危機からの再生可能性があらためて世界的に関心をひく時代が訪れている。世界各国で、あいついで『資本論』一五〇周年、マルクス生誕二〇〇年の記念集会が開かれ、これに関連する雑誌の特集や書籍の出版とあわせ、多くの人びとをひきよせていることにも、その風潮は反映されている。

資本主義をのりこえる二一世紀型社会主義の可能性の探究があらためて強く求められているのである。その探究は、少なくとも二つの異なる考察次元ですすめられてよい。そのひとつは、資本主義をこえようとした二〇世紀型社会主義の理論モデルに代わる、二一世紀型モデルの要点を検討する考察次元である。それと関連しつつ、いまひとつは現実世界に生じている社会主義的変革の試みを整理し、その意義を探る考察次元である。

まず、理論的な考察次元については、つぎのような論点が提示されてきている。

第一に、ソ連に代表された二〇世紀型社会主義は、生産手段の国有を基本とする集権的計画経済の理論モデルにしたがい、党・国家の官僚に権限を集中し、国家主義的管理のもとに、民主的な労働者の社会参加や自治を抑圧する傾向をともなっていた。ソ連圏内での民族自決権も抑制していた。これからの社会主義は、より分権的な労働者の民主的自治の社会的連帯を重視して、政治経済的な組織を形成してゆかなければならない。

これと関連して第二に、ソ連型社会の変革を求める東欧改革派が依拠していたランゲ（1936－37）やブルス（1961）らにはじまる市場社会主義の多様な理論モデルが、これからの社会主義の有力な可能性を示すものとして、提起され続けている（たとえばローマー、1994）。それらの市場社会主義のモデルでは、生産手段の公有が社会主義の基本とみなされている。しかし、その形態は国有に限定されず、分権的な公的企業の形態が、ローマーでは株式会社までふくめて構想可能とされている。分権的な企業のあいだや企業と労働者のあいだには、雇用関係や消費手段の選択をふくめた市場経済が、計画経済と相互補完的な調整機構として役立てられる。

こうした市場社会主義の構想は、マルクスの著作に直接提示されていたとは思えない。とはいえ、新古典派経済学や古典派経済学が市場経済と資本主義経済を自然的な秩序としてほぼ同一視しているのにたいし、『資本論』の経済学は、市場経済を形成する基本的形態が、古くから共同体的社会のあいだや周辺に存続していたことを理論的に重視し、労働力の商品化を基礎として、資本主義が市場経済を社会の内的な編成原理に転化した関係を明確にしている。それは資本主義をこえる協同社会にも市場経済の形態が利用可能な側面を理論的に示唆している。と同時に、社会主義の基本は、生産手段の公有制により労働力の商品化を止揚する方向を指向することにおかれてよいことも示している。

他方、トロツキーの後継者として第四インターナショナルを理論的に指導していたE・マンデル（1986）は、いまや先進国では、食物、衣服などの消費は飽和状態にあり、基本的消費財、住居、電気、水道、教育、医療、公共交通などの必要量はかなりの程度、計画的生産と配分をおこないやすい条件がととのってきている。ソ連型の専制的労働管理と市場経済しか選択の道はないとするのは真実でない。もう一つの道は、民主的に連合した計画的自主管理にある、と主張していた。

こうした論議をつうじ、ソ連型社会が、その進路を唯一の科学的社会主義の方途とみなしていたことに反対しつつ、それにかわる代替モデルについても、ひとつの理想案に収斂するはずであるとする傾向が読みとれなくもない。しかし、ごく遠い将来の社会主義が類似の形態に収斂してゆく可能性も排除されないにせよ、さしあたり二一世紀型社会主義の可能性を検討する場合には、科学的社会主義として唯一のモデルを提示しあい争うことに、さして意味はないであろう。資本主義をこえる社会主義の道はむしろひとつではないことを認めあい、民族自決の原則を尊重しあって、それぞれの社会の歴史的・現実的な条件にもとづき、働く人びととの民主的な決定により、その進路を選択する余地を広く考慮してゆくことこそが必要とされているのではなかろうか。

たとえば、レーニンが社会主義への道を多ウクラード制、戦時共産主義、ネップと数年のうちに弾力的に切り替えてみせたように、多様な選択肢からのモデル変更の余地もまた、民主的決定の過程に許容されていてよいはずである。社会主義的計画と市場経済の利用とを、どのような分野に割り振って、組み合わせてゆくかという選択も、民主的に提起され、決定されてゆくことが望ましいであろう。

こうした配慮を尊重しつつ、第三に、社会主義経済の基礎単位となる企業の組織形態についても、また多様な選択肢が準備されてよい。ソ連型社会が基本としていた国有大企業中心の組織形態にかえて、分権的な公有形態の企業が、業種や産業の特性や、働く人びとの社会的協力関係の成長、発展に応じて、多様に組み合わされてゆく可能性が大きい。そのさい、たとえば国有企業、さまざまなレベルでの地方自治体の管理する企業、多様な公的所有形態のもとにおかれている株式会社企業、労働者協同組合などの、異なる公的企業のしくみが、労働条件や実質所得での平等性と、自由な自治との社会主義的な保障をどのようにして実現し、効率を高めてゆけるか。労働組合は、そのさいどのような役割を果たすことになるか。それらの問題についても労働力の商品化を廃止する基本課題を重視し、職業選択の自由を尊重しつつ、それぞれの社会の歴史的な条件に応じて、多様な組み合わせの選択肢が検討され、民主的に決定されなければならないであろう。

第四に、市場社会主義をこれからの社会主義の可能性の選択肢に加えると、そこには理論的に分権的な自由な経営により、自治的な企業、地域、産業のあいだに、経済余剰の取得に差異が生じ、それをめぐり経済的な労働と資源の配分の再調整を実現することも必要とされる。そこで、市場経済の変動をつうじ、生じうる経済生活上の不平等の社会的な是正の必要をふくめ、資本主義が社会主義に対抗しつつ試みてきた社会民主主義的な金融・財政政策の方策や福祉国家の制度が、教育、医療、年金などの公的支援や保障のしくみをふくめ、これからの社会主義にも十分に参照されてよいことになりうる。もっとも、生産手段の私的所有と労働力の商品化を基本前提とする資本主義の枠内では、それら社会民主主義的な福祉国家の制度は、現代の新自由主義的資本主義のもとで大きく後退をよぎなくされているように、不安定性をまぬがれえない。そこで、集権的計画経済のみが社会主義の唯一の道とする見地からは、社会民主主義の政策は、社会主義に対立的な資本主義の不安定な補完物として、批判の対象とみなされがちであった。しかし、市場社会主義も有力な選択肢とするこれからの社会主義の観点からは、資本主義のもとでの社会民主主義的政策からも、継承されてよい理念や方策が読みとられてよいはずである。

理論的な次元でのこうした検討を念頭に、つぎに現代世界に生じている体制改革の進展に考察をすすめてみよう。ここでは、社会主義をめざす国々の体制改革と新自由主義的な資本主義国のなかに生じている社会変革への新たな潮流の二面に、これからの社会主義への潜在的な可能性がどのように読みとれるかが問われる。

まず、ソ連型社会主義のゆきづまりと崩壊の過程で、世界的には社会主義をめざす国の多くが体制改革にむかったが、そのなかで、中国の体制改革はなにを意味しているか。第4章でもふれたように、新自由主義のもとに停滞と衰退が顕著な先進諸国にかわり、世界経済のダイナミックな成長センターは、中国をはじめとするアジアの新興工業諸国の発展に移されてきた。とくに中国は、一九七八年以降の改革開放政策のもとで、高成長を続け、二〇一〇年には日本のGDP（国内総生産）を抜いて、アメリカにつぐ世界第二位の経済大国に成長している。そのイニシアティブのもとでの、ユーラシア大陸に広がるシルクロード経済ベルト建設計画と、それへの国際金融機構としてのアジアインフラ投資銀行（AIIB）の役割にも、世界の関心がよせられつつある。

この中国の高成長は、社会主義的市場経済の建設を憲法（一九九三）の理念として掲げ、ほぼ八八〇〇万人（二〇一四）の党員を有する共産党の指導下におかれ、国有大企業を管制高地として保有し続け、少なくとも新自由主義的資本主義によるものとはいえない。一九九七年に香港がイギリスの統治から返還されたさいに、その資本主義を存続させる一国両制を宣言したが、中国本土にも経済特区からはじまった外資との合弁企業や私企業の群生をみており、その体制は全体としても一国両制的な多様で複雑なアマルガムの様相を呈している。それはレーニンのネップをより大規模に長期にわたり実験し、定着させつつあるとも考えられる。あるいはさらにさかのぼって、レーニンの革命直後の多ウクラード社会の構想に近いのかもしれない。いずれにしても、市場社会主義の現代的理論モデルのどれよりも複雑で変化に富む動態を示しつつある。

市場経済化と資本主義化とを同一視する新古典派的な見地では、中国は共産党の指導下にすでに資本主義化しているとみなされ、マルクス学派にもその解釈はかなり影響をおよぼしている。しかし、土地の全人民所有を前提に、社会的インフラ整備の大規模で継続的な推進を実現し、農村部にきわめて多くの中小郷鎮《ごうちん》企業を労働者協同組合的に組織して、ひところほぼ一億人に達する就業者をそこに糾合し、さらにサブプライム恐慌の打撃にさいしても、農民層に手厚い所得再配分をおこない内需を維持し、大幅に拡大する地域間や各地域内の貧富の差の是正を、重要な政策課題としつつ地方分権をすすめるなど、社会主義をめざす共産党政府にふさわしい特色も示してきている。

中国と同様、社会主義を標榜する体制改革をすすめているベトナムやキューバにも市場社会主義ないし、社会主義市場経済は普及しており、ことにキューバは、社会主義的な医療、教育などの平等な生活保障が充実していることで知られている。

これらの国々は、社会主義をめざしながら、市場経済への改革開放をつうじ、外資導入や貿易拡大をすすめ、資本主義先進国の新自由主義的グローバリゼーションの進展にも親和的な進路をとり、中国は二〇〇二年にＷＴＯ（世界貿易機関）にも加盟している。

これにたいし朝鮮民主主義人民共和国（北朝鮮）は、一九四八年の建国以来、金日成、金正日、金正恩の三代にわたる世襲の主席のもとで、個人崇拝的で国家主義的な社会主義計画経済の体制を続けている。東西ドイツ統一後は、第二次世界大戦が残した悲劇的な分断国家における、いまや例外的にみえるその体制維持をめぐり孤立感も深めがちであり、とくに米韓日の軍事演習や安保体制での仮想敵国とされる危機感も大きい。北朝鮮は国内的な結束維持にむけても、その危機を訴え、軍事力の強化、ことにミサイルの能力向上と核兵器の保有国としての存在感を、それらの実験をつうじ誇示する姿勢を最近強めている。

アメリカのトランプ政権が、国連での核兵器廃絶決議に参加せず、北朝鮮を「ならず者国家」と指弾し、軍事攻撃の可能性も選択肢にあると述べ、さらに経済制裁の強化により、北朝鮮の核武装強化を抑圧しようとし、中国、ロシア、韓国の対話による北朝鮮との緊張緩和路線を拒否しているのは、北朝鮮の孤立感をいっそう強め、地政学的（核）戦争の危機への悪循環をうながしていないか。平和憲法に反して、安倍政権がこれに追随し、核兵器廃絶決議に参加せず、一連の戦争法を成立させて、第九条を核心とする憲法改変を選挙公約にしていることも、第二次世界大戦を生じ唯一の被爆国となった日本の歴史的な責務を果たす道とはいえない。

社会主義がほんらい、自由で平等な人権の実質的な拡充をめざすかぎり、北朝鮮の特異な世襲による主席継承と、そのもとでの専制的政敵排除、軍事力強化による民衆への負担強化、日本人の拉致などは、ほんらいの理念にとうてい適合するところではない。民族自決の基本を尊重しつつ、ひところ提案されていた一国両制による南北朝鮮統一も、重要な懸案といえるであろう。それらを念頭に、困難は折り重なっていても、国際的な交流と対話をつうじて、ともに選択可能なこれからの社会経済の姿を探りあう、平和的な協力がくりかえされることが求められている。戦争を反復してきた資本主義をこえる、これからの社会主義への道は、あきらかに反戦、平和への民衆連帯にそって拓かれてゆかなければならないはずである。

最後に、こうした方向への潜在的可能性をも多分にふくんで、新自由主義的な資本主義諸国のなかに生じている、新たな社会主義の可能性につうずる社会改革への興味ある有望な潮流のいくつかをみておこう。

第一に、新自由主義のもとで生じている格差の再拡大、ワーキングプアのような新たな貧困化、生活保護制度の機能不全などの深刻化にたいし、社会の全成員に無条件で配布されるベーシックインカム（BI、基本所得）の構想が、世界的な関心を集めるようになっている。日本では小沢修司（2002）による月額一人八万円のBI案が、そのための税源の検討とあわせ社会保障改革構想として提唱され、注目を集めるようになった。二〇〇九年に政権についた民主党が、経済回復戦略の柱としてエコポイント制とあわせて実施した子ども手当は、資力調査（ミーンズテスト）なしのBI構想への発端としても歓迎された。国家の行政や官僚による権力的な調査や判断を省き、従来の生活保障制度につきまとう恥辱（stigma）感をとりのぞき、自由、平等な生活権の保障を与えるBIによる所得再配分の発想は、さまざまなイデオロギーと接合する不思議な魅力をもっている。日本でもさまざまに異なる政党が、選挙公約にBIを組み込むようになってきた。安価で弾力的な非正規の雇用を広く可能とする条件のひとつとして、財界の一部にも、さらに資本主義の基本を容認するリバタリアン（自由意志論者）にも、この構想を支持する論議はみられる。

とはいえ、BIに事実上重なる発想は、資本主義をこえて社会主義をめざす発想のなかにも育まれてきている。市場社会主義の古典的モデルを示したランゲ（1936－37）にも、その発想は示されていた。西欧でのBI構想の推進役を担ってきたP・パリース（1995）も、すべての人びとに真の自由を保障する道として、資本主義をこえる社会主義に期待し、資本主義の枠内での社会保障改革案としてのみ、その可能性を論じているのではない。BIは、実際、さまざまな社会改革への連帯運動を容易にする基礎としても、また市場社会主義を有力な選択肢として資本主義をのりこえる構想の一環としても、日本の左派の理論や運動においても、支持を拡大してゆく可能性が大きいのではなかろうか。

第二に、新自由主義的資本主義のもとで、深刻化している人間と自然の荒廃化にたいし、二〇〇九年に政権についたアメリカのオバマ民主党政府が当初示していたグリーン・リカバリー戦略も、広く重要な影響を与えた。資本主義の促進してきた大規模な産業技術のもとで生じている地球温暖化や大規模な自然環境破壊に、いかに対処し、後続世代に持続可能な自然環境をひきわたしてゆけるか。ここにも広く深い問題がある。ことに、二〇一一年の東日本大震災における東京電力福島第一原子力発電所の事故が重要な衝撃を与え、脱原発に多くの国々がふみきり、自然環境にやさしい持続可能なソフトエネルギー開発に転換している。その経験は、資本主義をこえる、これからの社会主義の進路にも貴重な示唆を与えている。地球温暖化対策にむかう国際協力も、同様に長期的な視点で、資本主義企業の目先の利害を統御してゆく努力を、それぞれの地域社会での地産地消的なエネルギー開発の試みを基礎として、地道に積み重ねてゆく発想を大いに必要としているといえよう。

第三に、そのような地域社会の相互扶助的な協力のしくみが、さまざまな組織形態で進展しつつある。そのひとつの重要な協力組織が、地域通貨による住民相互の労力や生産物の交換のしくみである。かえりみると、一九三〇年代の大恐慌の破壊的な打撃のもとで、S・ゲゼル（1916）による貨幣改革（貨幣を用いないで保蔵していると持ち越し費用がかかり、減価してゆくように変革する）構想も大いに参照されて、西欧諸国から世界各地に相互扶助的な地域通貨のしくみが広く試みられた。この第一波の地域通貨の多くは、当時、国家主義的な有効需要政策としてのニューディール型金融・財政政策によって禁圧されていった。ところが、一九八〇年代以降の新自由主義的なグローバル資本主義のもとで、経済危機の克服の方策として、超国家的なユーロのような広域通貨も創出され、ITのインパクトをうけて民間企業なども有効需要喚起のためにカード決済やプリペイドカードを普及させ、さらにはビット・コインのような通貨代替システムも生みだされるかたわらで、地域社会の住民のニーズを満たすケアなどのサービス労働や生産物の相互扶助的交換システムとして、地域通貨が世界各地にふたたび大規模に広がる第二波の隆盛をみている。

すでに世界には、数千の地域通貨のしくみが数えられるともいわれ、日本にも五〇〇以上の実践例があり、その数からいって日本は世界的にも地域通貨大国であるとされる。政財界の一部にも、社会保障制度のゆきづまりと、高齢者や子どものケアの公的サービスがゆきとどかない地域社会のニーズを埋めるしくみとして、地域通貨の貢献に関心をよせるむきもあり、地方自治体や地域の商工会議所などもその組織化と普及に協力するケースも増えている。

多様な地域通貨のしくみには、オウエンら初期社会主義の思想や実験、さらにはマルクスの労働価値説にも学んで、一労働時間を一〇ドルと表示するイサカアワーや、労働時間を単位とするタイムダラーにより、不労所得の搾取関係を排除しようとする労働貨幣の構想の実現をめざしている事例もみられる。そのような構想とその実践をふくめ、地域通貨の試みには、あきらかに資本主義をのりこえる社会主義に接近する萌芽がふくまれ、それを社会的規模でいかに実現してゆけるかが、課題として提起されている。

第四に、労働者の協力と団結を連帯させて職場と生活条件を改善してゆき、資本主義の弊害を抑制し、のりこえてゆく可能性をひらく広義の組合運動は、社会民主主義にとっても、それをステップとして、やがて労働力の商品化の廃棄を求めるこれからの社会主義にとっても、もっとも重要で主体的な基礎となるところと期待される。広義の労働者組合運動には、マルクスも期待していた二つの組織形態がある。そのひとつは賃金労働者の形成する労働組合であり、もうひとつは働く人びとの結束と出資にもとづく労働者協同組合組織である。

新自由主義的資本主義は、ＩＴ化により非正規労働者を激増させ、公企業を広く民営化して、正規雇用者を中心に組織してきた労働組合運動に大きな打撃を与えた。日本をふくむ先進国の多くでは、労働組合組織率が大きく低下し、労働組合運動をいかに再生させていけるかが、多くの働く人びとの生活の安定と向上のために重要な課題となっている。とくに日本では、従来の企業別組合の組織形態に生じている困難をめぐり、あらためて産業別、職能別組合や、さらには非正規労働者の個人加盟をうながすゼネラルユニオンの拡大にむけて、新たな労働組合運動への試みがうながされ期待されている。

そのかたわらで、働く人びとの平等な立場での協力を労働者協同組合企業として組織し、育てる試みも、世界的な潮流として新たな発展を示しつつある。その試みはスペインのモンドラゴンやイタリア各地に、広範な産業にわたり大規模な事業規模をともない展開されている。二〇一三年一一月のグローバル社会的経済フォーラムでは、ソウル市長朴元淳《ハクウオンスン》のイニシアティブのもとで、ソウル市で実践されつつある協同組合企業の成長に、地方自治体も協力する社会連帯経済への国際協力をよびかけた「ソウル宣言」（ソウル宣言の会編2015）が採択され、世界的にも注目を集めている。

日本でもこれに呼応するかのように、二〇一一年の東北大震災後の復興に、大手ゼネコンなどの大企業中心となりがちな国家の戦略に対抗し、漁業組合や農協、さらには地元の住民の結束による協力組織が、それぞれの地域社会のニーズに適した復興戦略を求める運動がすすめられてきた。大手ゼネコンの独占的支配の傾向に、中小の協同組合企業と労働者の組合運動を結集する独自の組織運動を形成してきた関西生コンが、こうした地域住民の復興への協同組合的結集に、支援を続けている活動も注目に値する。さらに広く、日本各地に、シニア層や子どものケア、障害者の就労支援、ソフトエネルギーをふくむ地域社会の地産地消的な活力再生への住民の志向など、国家的な行政も大企業の営利活動もゆきとどかないニーズをうめる役割を担いつつ、労働者協同組合企業が新たに成長しつつある。

こうした労働者協同組合の活動は、さらに農協や漁協としての生産者協同組合、各種生協としての消費者協同組合とも広く連帯し、協同組合運動を社会経済生活の重要な基礎のひとつとし、資本主義的営利企業とは異なる発想で、社会連帯経済を地域社会から支えてゆく協力関係をあらためて拡大・強化する試みを、世界的な新たな潮流として生じさせつつある。その潮流はやがて労働組合運動の再活性化とも連携する可能性をふくんでいるにちがいない。

これら四つの新たな潮流をつうじ、日本をふくむ資本主義先進諸国にも、労働力の商品化にもとづき、人間と自然の危機的な荒廃をすすめてきた資本主義をのりこえる二一世紀型の社会主義が探られつつある。それらをつうじ、二〇世紀型の社会主義と社会民主主義とが、競合しつつ、ともに国家の役割を重視する国家主義的傾向を顕著としていたのにたいし、二一世紀型の社会民主主義もそれをステップとする社会主義も、よりグラスルーツ（草の根）の分権的で参加型の社会組織や運動に多くを期待する傾向があるといえよう。

そのような傾向をともないつつ、先進諸国にもひさびさに新自由主義的資本主義に反対する政治革命を求める風潮が顕著に高まっている。二〇一五年にはギリシャでA・ツィプラスのひきいる急進左派連合が政権につき、新自由主義的な財政ひきしめを強要するユーロ圏からの離脱を選択肢として提起した。同じ年、イギリス労働党は新自由主義に譲歩を重ねてきた中道路線と決別して、社会主義者を自認するJ・コービンを党首に選任した。少なくともそれらのことも影響して、イギリスは翌二〇一六年、EU離脱を国民投票で決めている。二〇一五年一二月のスペインでの総選挙では、P・イグレシアスの指導する左派の新党ポデモス（われわれはできるという意味）が、一躍第三党におどりでて注目を集めた。翌二〇一六年にかけて、民主党のアメリカ大統領候補として公然と社会主義政治革命を訴えたB・サンダースも、若い世代の支持を集め旋風のような大健闘を演じた。実際、ピュー・センターの世論調査によると、アメリカの一八～二九歳の若者世代では、「社会主義に肯定的」と答えた比率が二〇一〇年に四三％、二〇一一年には四六％にのぼっている。

予想外のトランプ大統領の誕生の一因も、そのアメリカ・ファーストの訴えが、新自由主義的グローバリゼーションに反発する民衆に訴えるところがあったのではないか。民主党候補がヒラリー・クリントンではなく、サンダースに決まっていたなら、トランプは勝てたであろうか。むろん、サンダースの政治革命も内容上は当面、社会民主主義をめざすもので、オバマ大統領が当初意図していた方向を継承する広義の社会主義を課題としていた。しかし、先進諸国では、二一世紀型社会主義は、おそらく二一世紀型の社会民主主義により新自由主義的資本主義をのりこえることから、新たな展望を開いてゆくステップをふんでゆかなければならないであろう。日本の野党連合は、その方向に歩みをすすめることができるであろうか。

いずれにせよ、新自由主義的資本主義と、その根本をなす資本主義そのものに、いまやゆきづまりと大きな転機が訪れつつあるのではないか。そこにふくまれる未来への大きな可能性の多様な模索や実践に、ともに検討を怠れない時代といえよう。

本書がそのような広い視野での検討や再考の一助ともなるよう願っている。

参考文献一覧

石井寛治（1991）『日本経済史』（第二版）東京大学出版会
伊藤誠（1989）『資本主義経済の理論』岩波書店
伊藤誠（2009）『サブプライムから世界恐慌へ』青土社
伊藤誠（2010a）『伊藤誠著作集第4巻――逆流する資本主義』社会評論社
伊藤誠（2010b）『伊藤誠著作集第5巻――日本資本主義の岐路』社会評論社
伊藤誠（2010c）『伊藤誠著作集第1巻――現代のマルクス経済学』社会評論社
伊藤誠（2011）『伊藤誠著作集第2巻――価値と資本の理論』社会評論社
伊藤誠（2012）『伊藤誠著作集第6巻――市場経済と社会主義』社会評論社
伊藤誠（2017）『資本主義の限界とオルタナティブ』岩波書店
宇野弘蔵（1953）『恐慌論』岩波文庫、二〇一〇年
宇野弘藏（1964）『経済原論』岩波文庫、二〇一六年
宇野弘蔵（1971）『経済政策論』（改訂版）弘文堂
宇野弘蔵編（1956）『経済学』（上・下）角川全書
小沢修司（2002）『福祉社会と社会保障改革』高菅出版
ソウル宣言の会編（2015）『「社会的経済」って何？』社会評論社
侘美光彦（1994）『世界大恐慌』御茶の水書房
橘木俊詔（1998）『日本の経済格差』岩波新書

鶴田満彦（2009）『グローバル資本主義と日本経済』桜井書店
西部忠（2002）『地域通貨を知ろう』岩波書店
日高普（1974）『経済学』岩波全書（改訂版）一九八八年
平川均・多和田眞・奥村隆平・家森信善・徐正解（2010）『東アジアの新産業集積』学術出版会
福沢諭吉（1872-76）『学問のすゝめ』岩波文庫、二〇〇八年
古沢広祐（2016）「エコロジー危機と現代社会」唯物論研究協会編『文化が紡ぐ抵抗／抵抗が鍛える文化』大月書店
宮崎義一（1992）『複合不況』中公新書
八尾信光（2012）『21世紀の世界経済と日本』晃洋書房
労働問題研究委員会編（2017）『データブック２０１７』いずみ橋書房新社

Aglietta, M.(1976), *Régulation et Crises du Capitalisme*. 若森章孝・山田鋭夫・大田一廣・海老塚明訳『資本主義のレギュラシオン理論』大村書店、一九八九年
Albritton, R.(1991), *A Japanese Approach to Stages of Capitalist Development*. 永谷清監訳、山本哲三・石橋貞男・星野富一・松崎昇・吉井利眞訳『資本主義発展の段階論』社会評論社、一九九五年
Althusser, L., Rancière, J., Macherey, P. (1965), *Lire le Capital*. 今村仁司訳『資本論を読む』（上・中・下）ちくま学芸文庫、一九九六 - 九七年
Amin, S.(1970), *L'Accumulation à L'Échelle Mondiale*. 野口祐、他訳『世界資本蓄積論』柘植書房、一九七九年

Armstrong, P.,Glyn, A.,and Harrison, J.(1984), *Capitalism since World War II*.

Bernstein, E.(1899), *Die Voraussetzungen des Sozialismus und die Aufgaben der Sozialdemokratie*, 佐瀬昌盛訳『社会主義の諸前提と社会民主主義の任務』ダイヤモンド社、一九七四年

Boyer, R.(1986), *La Théorie de la Régulation*. 山田鋭夫訳『レギュラシオン理論』新評論、一九八九年

Braverman, H.(1974), *Labor and Monopoly Capital*. 富沢賢治訳『労働と独占資本』岩波書店、一九七八年

Brus, W.(1961), *Ogólne problemy funkcjonowania gospodarki socjalistycznej*. 鶴岡重成訳『社会主義経済の機能モデル』合同出版、一九七一年

Engels, F.(1891), *Die Entwicklung des Sozialismus von der Utopie zur Wissenschaft*. 大内兵衛訳『空想より科学へ』岩波文庫、一九六六年

Feuerbach, L.(1841), *Das Wesen des Christentums*. 船山信一訳『キリスト教の本質』（上下）岩波文庫、一九六五年

Fitzpatrick, T. (1999), *Freedom and Security*. 武川正吾・菊地英明訳『自由と保障——ベーシック・インカム論争』勁草書房、二〇〇五年

Fourier, F. M. C.(1829), *Le Nouveau Monde Industriel et Sciétaire*. 田中正人訳「産業的協同社会的新世界」、『世界の名著42』中央公論社、一九八〇年、所収

Frank, A.G.(1975), *Underdevelopment or Revolution*. 大崎正治、他訳『世界資本主義と低開発』柘植書房、一九七六年

Franklin, B.(1729), *A Modest Inquiry into the Nature and Necessity of a Paper Currency*.

Fukuyama, F.(1992), *The End of History and the Last Man*. 渡部昇一訳『歴史の終わり』（上・下）三笠書房、

一九九二年
Gesell, S. (1916), *Die natürliche Wirtschaftsordnung durch Freiland und Freigeld*, 4 Auflage (1920). 相田愼一訳『自由地と自由貨幣による自然的経済秩序』ぱる出版、二〇〇七年
Glyn, A.(2006), *Capitalism Unleashed*. 横川信治・伊藤誠訳『狂奔する資本主義』ダイヤモンド社、二〇〇七年
Gorbachev, M.(1987), *Perestroika*. 田中直毅訳『ペレストロイカ』講談社、一九八七年
Hayek, F. A., ed.(1935), *Collectivist Economic Planning*. 迫間真治郎訳『集産主義計画経済の理論』実業之日本社、一九五〇年
Hilferding, R.(1910), *Das Finanzkapital*. 林要訳『金融資本論』大月書店、一九五二年
Institut ekonomiki (Akademii nauk SSSR) (1955), *Politicheskaia ekonomia Uchebnik*. マルクス・レーニン主義普及協会訳『経済学教科書』全四冊、合同出版社、一九五五年
Kautsky, K.(1899), *Bernstein und das Sozialdemokratische Programm*. 山川均訳『マルキシズム修正の駁論』、世界大思想全集47、春秋社、一九二八年、所収
Kautsky, K.(1914-17), *Der Imperialismus*. 波多野真編訳『帝国主義論』創元文庫、一九五三年
Keynes, J. M.(1936), *The General Theory of Employment, Interest and Money*. 塩野谷九十九訳『雇用、利子および貨幣の一般理論』東洋経済新報社、一九四一年
Kornai,j.(1984), *Selected Writings*. 盛田常夫編訳『「不足」の政治経済学』岩波書店、一九八四年
Laing, S. (1844), *National Distress; its causes and remedies*.
Lange, O.(1936-37), On the Economic Theory of Socialism, in *Review of Economic Studies*, Oct. 1936, Feb.

1937.

Lenin, V. I.(1914), *Karl Marx and other writings.* 大塚弘訳『カール・マルクス』岩波文庫、一九三三年

Lenin, V. I.(1917), *Imperialism; the Highest Stage of Capitalism.* 宇高基輔訳『帝国主義』岩波文庫、一九五六年

List, F.(1841), *Das nationale System der politischen ökonomie.* 小林昇訳『経済学の国民的体系』岩波書店、一九七〇年

Locke, J.(1690), *Two Treatises of Government.* 鵜飼信成訳『市民政府論』岩波文庫、一九六八年

Malthus, T. R.(1798), *An essay on the principle of population, as it affects the future improvement of society, with remarks on the speculations of Mr. Godwin, M. Condorcet, and other writers.* 永井義雄訳『人口論』中公文庫、一九七三年

Malthus, T. R.(1820), *Principles of Political Economy*, 2 vols. 小林時三郎訳『経済学原理』(上・下)岩波文庫、一九六八年

Mandel, E.(1972), *Der Spätkapitalismus*. 飯田裕康・的場昭弘・山本啓訳『後期資本主義』(I、II、III)柘植書房、一九八〇－八一年

Mandel, E.(1986), 'In Defence of Socialist Planning' *New Left Review,* no.159.

Marx, K.(1859), *Zur Kritik der Politischen Ökonomie*, In *Marx-Engels Werke*, Bd.13. 武田隆夫・遠藤湘吉・大内力・加藤俊彦訳『経済学批判』岩波文庫、一九五六年

Marx, K.(1867, 85, 94), *Das Kapital*, Bd. I, II, III. In *Marx-Engels Werke*, Bd.23,24 25. 岡崎次郎訳『資本論』(①－⑨)国民文庫、一九七二－七五年

Marx, K. und Engels, F.(1848), *Manifest der Kommunistischen Partei*. 大内兵衛・向坂逸郎訳『共産党宣言』岩波文庫、一九五一年
Mises, L. von(1921), *Wirtschaftsrechnung im sozialistischen Gemeinwesen*, English version in Hayek ed. (1935).
More, T.(1516), *Utopia*. 澤田昭夫訳『ユートピア』中公文庫、一九七八年
Mun, T.(1664), *England's Treasure by Foreign Trade*. 渡辺源次郎訳『外国貿易によるイングランドの財宝』東京大学出版会、一九六五年
Owen, R.(1813-14), *A New View of Society*. 白井厚訳「社会にかんする新見解」、『世界の名著42』中央公論社、一九八〇年、所収
Parijs, P.(1995), *Real Freedom for All*. 後藤玲子・斉藤拓訳『ベーシックインカムの哲学』勁草書房、二〇〇九年
Pigou, A. C.(1920), *The Economics of Welfare*. 永田清監修、気賀健三ほか訳『厚生経済学』（全四冊）東洋経済新報社、一九五三－五五年
Piketty, T.(2014), *Capital in the Twenty-First Century*, translated by Arthur Goldhammer. 山形浩生・守岡桜・森本正史訳『21世紀の資本』みすず書房
Polanyi, K.(1944), *The Great Transformation*. 吉沢英成・野口建彦・長尾史郎・杉村芳美訳『大転換』東洋経済新報社、一九七五年
Proudhon, P. J.(1841), *What is Property?* Translated by B. R. Tucker, 1966.
Ricardo, D.(1817), *On the Principles of Political Economy and Taxation*. 堀経夫訳『リカードウ全集』（I）

雄松堂書店、一九七二年
Roemer, J. E.(1994), *A Future for Socialism*. 伊藤誠訳『これからの社会主義』青木書店、一九九七年
Saint-Simon, C-H. de R.(1823-24), *Catéchisme Politique des Industriels*. 坂本慶一訳「産業者の教理問答」、『世界の名著42』中央公論社、一九八〇年、所収
Samuelson, P. A. (1971), Understanding the Marxian Notion of Exploitation: A Summary of the So-Called Transformation Problem between Marxian Values and Competitive Prices, in *Journal of Economic Literature*, 9-2, June. 白銀久紀訳「マルクス搾取概念の理解」、伊藤誠・桜井毅・山口重克編訳『論争・転形問題』東京大学出版会、一九七八年、所収
Schumpeter, J. A.(1939), *Business Cycles*. 吉田昇三監修、金融経済研究所訳『景気循環論』(全五冊)有斐閣、一九五八－六四年
Schumpeter, J. A.(1942), *Capitalism, Socialism and Democracy*. 中山伊知郎・東畑精一訳『資本主義・社会主義・民主主義』(全三冊)東洋経済新報社、一九五一－五二年
Sismondi, J.-C.-L. S. de.(1819), *Nouveaux Principes d'économie politique*, 菅間正朔訳『経済学新原理』日本評論社、一九四九－五〇年
Smith, A.(1776), *An Inquiry into the Nature and Causes of the Wealth of Nations*. 大河内一男監訳『国富論』(Ⅰ、Ⅱ、Ⅲ)中公文庫、一九七八年
Sweezy, P. M.(1980), *Post-Revolutionary Society*. 伊藤誠訳『革命後の社会』社会評論社、一九九〇年
Trotsky, L.(1937), *The Revolution Betrayed*, translated by Eastman, M. 山西英一訳『裏切られた革命』論争社、一九五九年

Vogel, E. (1979), *Japan as Number One*. 広中和歌子・木本彰子訳『ジャパン・アズ・ナンバーワン』TBSブリタニカ、一九七九年

Wallerstein, I.(1995), *Historical Capitalism with Capitalist Civilization*. 川北稔訳『史的システムとしての資本主義』岩波書店、一九九七年

Wood, E. M.(1999), *The Origin of Capitalism*. 平子友長・中村好孝訳『資本主義の起源』こぶし書房、二〇〇一年

Zieschang, K.(1957), Zu einige theoretischen Probleme des staatsmonopolistischen Kapitalismus in Westdeutschland, in Deutsche Akademie der Wissenschaften zu Berlin, *Probleme der Politischen Ökonomie*. 玉垣良典訳「国家独占資本主義の若干の理論問題」、井汲卓一編『国家独占資本主義』大月書店、一九五八年、所収

【著者】
伊藤誠（いとう まこと）
1936年東京都生まれ。東京大学経済学部卒業。経済学博士。東京大学名誉教授。日本学士院会員。専門領域は理論経済学、経済学史、現代資本主義論、社会主義論。おもな著書に『資本主義経済の理論』『資本主義の限界とオルタナティブ』（ともに岩波書店）、『市場経済と社会主義』（平凡社）、『マルクス経済学の方法と現代世界』（桜井書店）、『「資本論」を読む』（講談社学術文庫）、『伊藤誠著作集』全6巻（社会評論社）、『日本経済はなぜ衰退したのか』『経済学からなにを学ぶか』（ともに平凡社新書）などがある。

平 凡 社 新 書 8 6 6

入門 資本主義経済

発行日――2018年2月15日 初版第1刷

著者――伊藤誠

発行者――下中美都

発行所――株式会社平凡社
東京都千代田区神田神保町3-29 〒101-0051
電話 東京（03）3230-6580［編集］
東京（03）3230-6573［営業］
振替 00180-0-29639

印刷・製本 株式会社東京印書館

装幀――菊地信義

ISBN978-4-582-85866-2
NDC 分類番号332.06 新書判（17.2cm） 総ページ304
平凡社ホームページ http://www.heibonsha.co.jp/